EACH DROP OF DIGITAL

デジタル一滴シリーズ

アクセシブルブック はじめのいっぽ

見る本、聞く本、触る本

宮田和樹
馬場千枝
萬谷ひとみ
著

デジタル一滴シリーズ　刊行に寄せて

本には５００年の歴史があります。私たちは本を通じて、先人たちが書き残した経験や思想、文化や歴史を自分の知識としてきました。昔は本は知識の源であり、貴重な気づきを与えてくれる存在でした。読者と書き手の精神的な距離はとても近く、深いコミュニケーションを可能としていました。

しかし、いつの間にか出版は商売の手段となっていきました。読者は本の消費者となっていきました。書き手は自分の考えを共有できる人を探さなくなり、たくさん売ってくれる出版社を探すようになりました。デジタル出版が誕生した30年前は、まさに印刷の出版でその構図が完成した時期でした。

知恵を海にたとえるならば、本とは一滴の雫のようなものです。一滴の雫だけでは海にはならない。山火事を消すことはできません。けれども、一滴の雫から、川が、海が生まれていきます。デジタルの一滴が世界中で知恵の海になっていくでしょう。はじまりは一滴の雫です。

デジタルが普及した今、もう一度、出版を自分自身の手に取り戻すために、このシリーズを出版していきたいと思います。

鎌田純子（ボイジャー）

はじめに

　未来の本はどんな姿をしていると思いますか？　理想の本や究極の本と言い換えてもいいでしょう。その答えの一つがアクセシブルブックだと私たちは考えています。

　アクセシブルブックというと、日常生活とは離れた特別な機器をイメージするかもしれませんが、そんなことはありません。

　例えば皆さんが使っているスマートフォンには、電子書籍などの文字情報を読み上げてくれる機能があります。iPhone（アイフォーン）なら「設定」から「アクセシビリティ」の「読み上げコンテンツ」というメニューを、Android（アンドロイド）の場合は「ユーザー補助」機能をオンにすることで、表示されている文字を音声合成で聞けるようになります。新しいアプリを追加する必要はありません。これもアクセシブルブックの形の一つです。

　ナレーターや声優が本を読み上げてくれるオーディオブックも、視覚に障害がある人だけでなく、さまざまな場面で本を読む機会を増やしてくれるアクセシブルブックです。移動中や作業中に本の内容を知りたい人や目で本を読むのが苦手な人、ディスレクシア（識字障害）の人などが、アクセシブルブックという言葉を意識することなく、ごく自然に利用しています。

現在、電子書籍が持つアクセシブルブックとしての可能性に期待が集まっています。視覚障害者等を対象にした電子書籍だけでなく、一般に販売されている電子書籍の中にも、文字の拡大や背景色の変更ができたり、テキスト音声合成技術（TTS、Text To Speechの略）を使って、文章を読み上げてくれるものもあります。

こうした一般に流通しているアクセシブルブックの他に、視覚の障害をはじめ、ディスレクシアや肢体不自由などがある人を対象に、製作・流通している音声DAISY（デイジー、Digital Accessible Information SYstem の略、アクセシブルな情報システム）やマルチメディアDAISYと呼ばれるアクセシブルブックもあります。利用対象外の人が触れる機会はあまりありませんが、支援団体や録音図書を作る公共図書館のボランティアの人たちによって製作され、障害のある人たちには、よく知られた存在です。

このように、さまざまな形で身近に存在するアクセシブルブックを、まだ実現していない「未来の本」だというのは、奇妙に感じられるかもしれません。

実際のところ、一般の人が、アクセシブルブックについて知らないまま過ごしています。

アクセシブルブックが当たり前の存在になるには、デジタル技術の他にも、社会制度や経済の仕組み、読書や出版文化といった、本を取り巻く「生態系（エコシステム）」が変わる必要があります。本の生態系（エコシステム）という言葉は、自然環境に等しいほど私たちの生活に欠かせなくなったＷＷＷ（World Wide Web の略）の情報環境を生態系（エコシステム）と呼ぶことを踏まえたものです（※１）。さまざまな文化やビジネスが生まれるダイナミックな情報環境の中にアクセシブルブックを位置付けていきたいという思いを込めて、この本では使用しています。

社会制度の変化では、「視覚障害者等の読書環境の整備の推進に関する法律」（読書バリアフリー法）に代表されるさまざまな法律の整備が挙げられます。読書バリアフリーという言葉は市川沙央《いちかわさおう》さんが『ハンチバック』（『文學界』２０２３年5月号掲載）で第１６９回芥川賞を受賞した際のコメント（※2）を通して初めて知った人も多いのではないでしょうか。

この読書バリアフリー法が成立して施行されたのが２０１９年のことです。同法の施行を受けて、出版関係の業界団体が作る日本出版インフラセンターに、アクセシブル・ブックス・サポートセンター（ＡＢＳＣ、Accessible Books Support Center の略）が設置されました。一般の電子書籍の流通や製作現場で、アクセシビリティに対する理解が深まれば、好きな本や必要な書籍を選んで買うという選択肢が大きく広がるはずです。

アクセシブルブックに、今、注目すべきもう一つの理由は、ここ数年のデジタル技術の急速な発展にあります。2022年11月にOpenAI（オープンAI）が公開した対話型の生成系AI、「ChatGPT（チャットGPT）」の最新バージョンでは、任意の写真やイラストの内容をかなりの精度で説明するテキスト情報に変換できるようになりました。実際に撮影した写真をAIに説明させた結果を見た人の中には、「アクセシビリティの時代が変わる！」と投稿した専門家もいました（※3）。

AIが進化し続ければ、障害の有無に関わらず、自由に本を読める日が来るかもしれません。しかし、現実に目を移してみると、まだまだアクセシブルブックや読書バリアフリー法は、多くの人に知られておらず、また、実際にそれらを活用しようとすると、その選択肢が思った以上に少なく感じられるなど、多くの課題にぶつかります。

こうした現実を踏まえて、本書では5つの章立てで、アクセシブルブックの現在を描き出すことを試みました。

第1章は、アクセシブルブックを日常的に利用する当事者や支援者がどのような思いを抱いているのかを、取材でご縁のあった人たちの具体的なストーリーでお伝えします。一人一人のストーリーを起点として、続く第2章では読書バリアフリー法の施行につながる社会的な背景について解説していきます。第3章では出版業界の取り組みを紹介。第4章ではアクセシブルブックを支える規格や技術について、少し掘り下げた内容も扱っています。最後に、第5章ではアクセシブルブックが体験できる図書館サービスを紹介します。

この本を書いたのはアクセシビリティの専門家ではありません。そんな私たちがこうしたテーマの本を作ることで、より多くの人に、アクセシブルブックを「自分事」として感じてもらえるきっかけになれば幸いです。

それでは、アクセシブルブックをめぐる旅に出かけましょう。

※1　「本の生態系（エコシステム）」については、著者の一人である宮田和樹が企画に携わった『ブックビジネス2・0 ウェブ時代の新しい本の生態系』（岡本真、仲俣暁生編著、実業之日本社）を参照しています。

※2　「『怒りだけで書きました』芥川賞・市川沙央が贈呈式で語ったこと【全文掲載】」Business Insider Japan　横山耕太郎　https://www.businessinsider.jp/post-274423

※3　日本科学未来館副館長で、ＩＢＭリサーチトーキョーアクセシビリティリサーチの高木啓伸さんの２０２３年9月27日のX（エックス、旧Ｔｗｉｔｔｅｒ）の投稿
https://twitter.com/hirotakagi/status/1706810832909455817

目次

第3章　アクセシブルブックを増やすためには？

カバーイラスト：もんくみこ
装丁・本文レイアウト：木村真樹
制作協力：株式会社丸井工文社
校正：聚珍社
編集：宮田和樹、馬場千枝、萬谷ひとみ
本書に登場する人物の役職、肩書などは原則として取材時のものです。
各章の参照リンクは本書の執筆時にアクセスできることを確認したものです。

第1章　アクセシブルブックって何だろう？

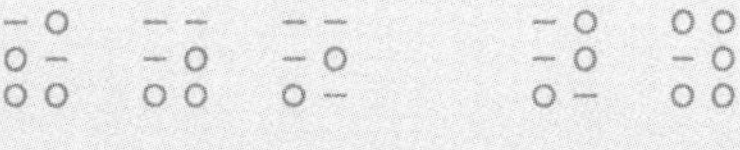

1　見られないから、聞く――音訳図書、オーディオブック

日本交通公社（現JTB）の海外ツアーコンダクター第1期生として、世界約140カ国を旅してまわった釜本美佐子《かまもとみさこ》さん。83歳の今、新宿駅にほど近いマンションで悠々自適の1人暮らしをしています。彼女の日常は常に規則正しく、夜11時には就寝し、朝4時に起床。5時から約1時間、自宅で柔軟体操をします。毎日、ヘルパーさんと一緒に近隣の公園などを2時間ほどウォーキングし、しっかりと体を動かします。自宅に帰るとニュースをチェック。また若い頃から読書が大好きで、今も1日に5、6時間は本を「聞いています」。

体も心もいたって健康な釜本さんですが、両目は光を捉えることができません。網膜色素変性症で50代から視力が低下し、70代でほぼ全盲となり、かろうじて感じていた光も、数年前に消えてしまいました。今、自宅では照明器具を使う必要がありません。

「ある時、私と同じように1人暮らしの女性が、『いよいよ定年退職するのですが、孤独になるのが心配で。釜本さんはどういうふうに生活しておられますか？』と質問なさったから、『私は孤独ではないですよ。家の中に徳川家康もいれば、豊臣秀吉もいて、面白いですよ』と

答えました。読書はいいですよ。生活の彩り。楽しみはそれしかないんだから」

高齢化にともない、日本では中途失明者が増えています。

日本眼科医会の調べ（※1）では2007年時点で、ロービジョン（※2）の人と失明者を合わせて、約164万人の視覚障害者がいます。そして2030年までに200万人にまで増加すると予想されています。

見えない人のための文字というと、点字の存在が頭に浮かびますが、中高年になってからの習得が難しいというのも事実。目で読むことをしてきた人たちが視力を失うと、とたんに読書という世界が消えてしまうのです。そういう人たちのために、「聞く読書」というスタイルが広がっています。

デジタルで聞く形へ

見えない人のために、書籍や雑誌などの内容を音声で伝える「音訳図書」は古くから存在していました。1970年代以降、一般的になったカセットテープに音訳ボランティアが録音し、公共図書館などで貸し出すという形です。

カセットテープというのは、当時としては便利な道具ではありましたが、問題点も山積みでした。章ごとの頭出しなどはできませんし、片面が終われば、裏面にひっくり返さないといけません。録音可能時間も短いので、1冊の本を聞くために、何本もカセットテープを入れ替える必要があります。その上、音が劣化したり、テープが伸びたりします。なんといってもデジタルの方が、実用性が高いのです。1990年ごろ、世の中にCDが行き渡っても、音訳図書はアナログ世界を脱出できない状況だったのですが、2000年前後に厚生労働省のサポート等があり、デジタル化が一気に進みました。

デジタル録音図書は、カセットテープに比べて圧倒的に便利です。1枚のCD-ROMで50時間以上録音できますし、飛躍的に劣化しにくくなります。頭出し、章ごとへの移動も可能ですし、再生スピードも自由に変えられます。

このデジタルで「聞く読書」に移行するとき、国際標準規格を作ろうという動きがありました。名称は「DAISY」といい、日本語では「デイジー」と呼んでいます。花の名前のように愛らしいですが、「Digital Accessible Information SYstem（アクセシブルな情報システム）」の頭文字を取った、シンプルな略称です。

1996年、日本、スウェーデン、イギリス、スイス、オランダ、スペインの6カ国でDAISYコンソーシアムが結成され、アナログからデジタルへと移行する録音図書の規格を開発、維持、普及させようという動きを進めました。日本は創成期からのメンバーです。現在では約50カ国から集まった約70の非営利団体などが加盟する大きな組織になり、国内でも「日本DAISYコンソーシアム」が、さまざまな活動をしています。

このDAISYというシステムは現在も進歩を続け、音声だけでなく、画像も見られる「マルチメディアDAISY」や、純粋にテキスト情報だけが入っていて、それをパソコンの読み上げ機能などで聞く「テキストDAISY」というバージョンもあります。通常、視覚障害などで見ることが難しい人は、音声のみが入っている「音声DAISY」を利用することが多いです（DAISYの詳細は第4章で解説します）。

オンライン図書館を活用する

さて、釜本さんが楽しみにしている日々の読書ですが、毎朝、パソコンで新刊をチェックするところから始まります。いわゆる出版社が出すところの新刊ではなく、本日はどんな音声DAISYがリリースされたのかを調べるべく、新着完成情報を確認するのです。

彼女がアクセスする先は「サピエ図書館」（※3）という少し特別なサイト。全国の点字図書館、公共図書館、国立国会図書館等と連携し、点字図書、録音図書の書誌データベースを運営するインターネット図書館です。情報量は全国最大規模なので、読みたい本があれば、まず、このサイトで検索をして蔵書を調べるのが手っ取り早いのです。

「サピエ図書館」の特徴は、全国の図書館やボランティア団体が製作した新しいコンテンツが次々とアップされること。トップページから、本日の新着をクリックすると、新たに音訳された図書や雑誌などのリストが出てきます。小説、実用書、自然科学、経済、医学、語学などさまざまな種類の蔵書が数十万冊あり、約400点の月刊誌・週刊誌等が継続的に音訳されています。システム管理を行っている日本点字図書館でも年間300タイトルあまりの音声DAISYをリリースしているので、日々、蔵書が増えています。とはいっても、1年間の紙の新刊書籍は約7万点あるので、まだまだ少数ではありますが。

これらのリストから読みたい本を見つけたら、釜本さんはデータをダウンロードし、自分のパソコンや、DAISY専用の再生機器で読んでいきます。

「タイトルと作家名を聞いて、興味を持ったら、全部自分のコンピューターにダウンロードするんです。冒頭の1分を聞いてみて、これはダメだと思ったものは全部削除。残ったものをCD-

Rに落として、DAISYの再生機器で聞きます。今日はここまで聞いて、続きは明日にしようと思ったら、そこからすぐにスタートできるので便利です。同時に3冊くらい並行して読んでいて、気分で切り替えます」

見えていた頃のように、書店をぶらぶらして立ち読みを楽しむことはできないし、本との出合いが限られてしまうのも事実です。友達に紹介された本を読みたくてもサピエ図書館にない場合が少なくありません。自然と「あるものを読む」ということになりますが、それも考え方で、釜本さんには楽しみを発見するチャンスでもあるそうです。

「今まで読んだこともなかった警察小説とか、試しに聞いてみたら面白いのよ。著者が警察上がりの人なのか、弁護士や医師だった人なのかで視点も違うし。ツアーコンダクター時代は世界の歴史に関する専門書ばかり読んでいたけど、サピエ図書館のおかげで読む本の分野が非常に広くなりました」

こうやって個人的にサピエ図書館にアクセスし、読みたい本をダウンロードするという形での利用ができれば、よりアクセシブルブックが身近になりますが、実際、そこまで自分ではできないという人も少なくありません。その場合は地域の公共図書館や点字図書館に利用登録し、そこでリクエストを出します。図書館はCDやSDカードなどの形で、郵送や職員による宅配を行っています。

一般の人たちが公共図書館を利用するときと同様、サービスはすべて無料ですが、利用できる対象者の範囲が決まっています。サピエ図書館を運営している全国視覚障害者情報提供施設協会の案内によると「目の見えない方や見えにくい方、文字や文章の認識が困難な方、身体障害などで本を持ったり、めくったり、目で文字を追うことが困難な方などが対象です」とあります。これらは著作権法と、2019年に施行された「読書バリアフリー法」という法律によって規定されています。誰がサービスを受けられて、誰が受けられないのかなど、法律や国の対応については第2章で細かく説明します。

オーディオブックの広がり

音声で「聞く読書」というのは、サピエ図書館などで借りるデジタル録音図書だけではなく、オーディオブックという選択肢もあります。

もともと欧米では多く製作されていて、一つの読書文化として生活に根付いています。日本では「audiobook．jp（オーディオブックドットジェーピー）」が2007年からサービスを始め、Amazonでも「Audible（オーディブル）」というサイトで配信を行っています。月額料金を支払って、聴き放題というコースもあれば、1冊ごとに購入もできます。

サピエ図書館と違って誰でも利用できるので、さまざまな人が「聞く読書」を楽しんでいます。老眼で字を読むのがつらくなった、もともと活字を追うのが苦手、肢体不自由などで重い書籍を手に持って、ページをめくるのが難しい人もいます。オーディオブックはスマートフォンにダウンロードして聞けるので、実に手軽です。

またプロのナレーター、声優が朗読しているので、聞きやすいのも特徴です。全編を1人で朗読するものもあれば、数人のナレーターで分担してドラマ仕立てになっているものもあります。効果音なども入っていて、聞き飽きない工夫もあります。一方で書籍に挿入されている写真や図については説明がない場合もあり、原本を忠実に音声で表現しているというわけではありません。

この点では音声DAISYなどの音訳図書の方が詳細な解説があり、見えない人のための配慮がきめ細かいかもしれません。ただし音訳図書は全国の音訳ボランティアが製作を行っているので、オーディオブックに比べて、朗読の仕上がりに品質のばらつきがあるのも事実です。日本のアクセシブルブックを考える上で、見えない人にとって重要な存在である音訳図書を、長年にわたり、ボランティアベースで製作し続けているというのも、大きな問題点だと考えられます。ボランティアによる音声DAISYがどのように作られているのかについては、第5章で紹介します。

「聞く読書」という意味で、オーディオブックはユニークな特性があり、今後、アクセシブルブックの一つのスタイルとして広がる可能性を感じます。ただし、目の見えない人にとって、スマートフォンの操作は簡単ではありません。有料だということは、クレジットカード情報なども入力しなければならないですし、より使いやすくする方法が求められると思います。

対面朗読がオンラインでも可能に

そしてもう一つ、もっともベーシックかつアナログな「聞く読書」があります。それは対面朗読。音訳者や図書館の職員などが、視覚障害のある人の要望に応じて、図書館蔵書や、本人が持参した本などを目の前で音読します。全国各地の点字図書館（76館）、公共図書館などで実施されているサービスで、例えば日本点字図書館であれば予約制で1回2時間。費用は無料です。

対面朗読であれば、音声DAISYが作られていない新刊書でも、すぐに聞くことができます。釜本さんも以前はよく、このサービスを利用していました。住まいのある新宿からJR山手線に乗り、二駅。高田馬場駅で下車して、日本点字図書館まで歩きます。週に2回も出かけていたというので、かなりのヘビーユーザーでした。

しかし、コロナ禍で外出機会が減り、現在の釜本さんは一人で電車に乗って高田馬場まで行くのが心理的に難しい状態です。確かに新宿駅も高田馬場駅も、毎日、大勢の乗降客が右に左にと激しく行き来する場所ですから、「怖くなったから、点字図書館に行けない。もう本を読んでもらうことは諦めました」と言う釜本さんの気持ちも分かります。

実際、最寄り駅から徒歩数分といった、アクセスの良い図書館では対面朗読の利用数が多いという傾向があります。本を読んでもらうために、遠くまで出かけなければならないというのが、大きな障害なのです。

コロナ禍で図書館利用が難しくなったことを機に、対面朗読を「Zoom（ズーム）」などのオンライン会議システムで行う公共図書館も出てきています。新しいツールをどんどん活用し、できることを増やすことが大切です。

2 見られないから、触る——点字の本

点字というのは、意外と身近な場所に点在しています。駅のホームやトイレ、切符売り場、公共施設の案内板。ペットボトル飲料、缶ビール、調味料の容器、ハンドクリームの容器など、少し丁寧に身の回りを観察すると、あのぼつぼつした小さな突起の存在に気が付くのではないでしょうか。

目の見えない人にとっての文字である点字は、フランス・パリの盲学校で学んでいたルイ・ブライユが1825年に発明しました。これが日本に導入され、当初、ローマ字式点字として活用。1890年に、東京盲唖学校教員の石川倉次が日本語の点字を考案し、現在に至ります。

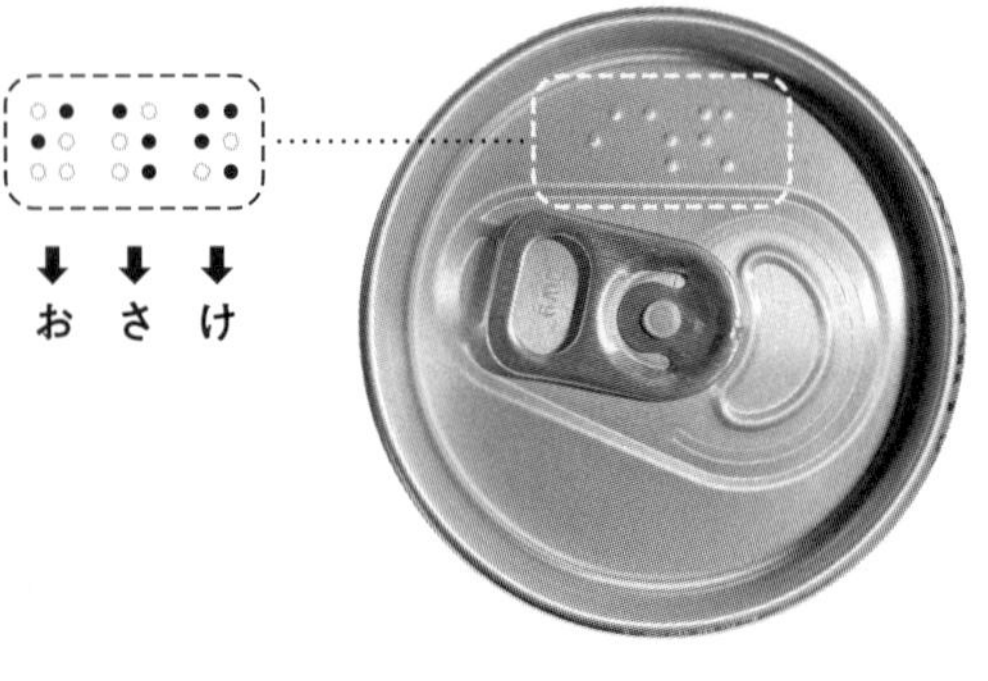

母音と子音の組み合わせで50音を表す点字。缶入りアルコール飲料のふた上面に点字表記がある

点字は縦方向に置いた3個の点が2列に並んだもので、合計6個の点を一つの単位として、カナを表します。点字には漢字はありません。基本的に横書きで、左から右へと読んでいきます。点字は非常に規則的に作られているので理解しやすく、目で見て覚えることも、もちろん可能です。つまり晴眼者でも点字を読むことができるわけです。駅のホームなどで点字の存在に気が付くことがありますが、自分でも読めると思うと、少しワクワクします。ただし、指で読むのは、かなりハードルが高そうです。

視覚障害のある人が点字を読んでいる様子を見たら、その素早い指の動きにびっくりするのではないでしょうか。本書の取材で、日本点字図書館の館長、立花《たちばな》明彦《あけひこ》さんに会ったとき、彼は手もとに置いた小型点字携帯端末（※4）に右手の人さし指を置いて、サーッと表面をひとなでしました。それだけで、浮き出ている点字を読み取れるのです。

「点字を学んで50年になりますが、僕の今のスピードで言うと、1時間黙読で50ページ（1ページあたり300～400文字）あまりは読めます。僕は基本、右手を中心に読むけれど、両手で読む人はもっと速いでしょう」

両手で読むというのは、例えば1行40字で組まれた点字があったとすれば、左手人さし指で左側から読み始めて、真ん中の21字目あたりで、右手の人さし指にバトンタッチ。後半は右手で読みます。手の移動が少なくて済むので、よりスピードアップするとか。人の手の技に感嘆するばかりです。

携帯端末で点字読書を楽しむ

かつて点字は点字器で一文字ずつ手打ちしていましたが、今はパソコンにテキストデータを入れ、点訳ソフトを使って点字にすることもできます。元になる文章を点字にする際、漢字の読み間違いなどのミスもあるので校正が必要ですが、かなり精度が高く、これを点字用プリンターで打ち出せば完成。非常に効率的です。

長く大学で研究を続けてきた立花館長は読まなければいけない論文なども多く、そのすべてが点字になっているわけではありません。その際もICTの発達が大いに役立ちました。ICTとはInformation and Communication Technologyの略で、情報通信技術のことです。論文がテキストデータの形で入手できれば、パソコンに取り入れて合成音声で聞くことができます。また点訳ソフトで点字に転換して、指で読むことも可能です。耳と指の両方を活用すれば、かなり効率的に論文情報が得られるわけです。

点字を読むときも、新たな技術が役立ちます。立花館長が使っていた点字携帯端末には何タイトルもの書籍を入れることができます。16文字分の点字が浮き出るピンディスプレイがついていて、指先で読んでいきます。点字はカナだけなので、紙でプリントアウトすると、どうしても分量が増えますが、この端末ならバッグに入れて持ち運び、電車移動中に読書もできます。一般的なスマホ読書と変わりません。

技術の進歩で目の見えない人でもアクセスしやすい本が増えていく一方で、もちろん問題もあります。合成音声による読み上げにしても、点字への変換にしても、オリジナル書籍のテキストデータが必須です。ところが、これがなかなか手に入りません。

書籍を買ったからといって、データを渡してくれることはほとんどありません。そこで、どうしても読みたい本があれば購入し、点字図書館等に点訳や音訳を依頼します。製作現場では本の背をざっくりとカッターで切断し1ページずつスキャンして、ＯＣＲ（Optical Character Reader/Recognition の略、光学的文字認識）機能でテキストデータ化します。

この作業は、どうしても研究論文が読みたい研究者の特殊手段ではなく、日本点字図書館で点訳本を作るときなども、よく行われています。当然のことながら膨大な作業時間がかかりますし、無残に背が切られた本が積まれた様子は、なかなか悲しげです。

能動的読書としての点字

立花館長が初めて点字に触れたのは、小学校4年生の三学期でした。緑内障で急激に視力が低下し、盲学校に転校したのです。ゼロから点字を勉強し、5年生の一学期になると点字の教科書を読めるほどになりました。10歳前後の年齢なら、3カ月くらいで習得するのは一般的だといいます。

近年は少子化で子供の総数が減っていますし、医学の進歩で目の障害も治療できるようになりました。結果的に若い世代では点字を必要とする人が減っています。現状、普段の読み書きに点字を使っているのは、65歳未満では視覚障害者の8%あまりとの調査結果もあります。録音図書があるのだから、無理して点字を学ばなくてもいいと考える人もいて、点字離れという言葉も聞こえてきます。

それでも点字には大きな力があるのだと立花館長は言います。

「読書というのは、能動的か受動的かで、二つに分けることができます。録音図書を聞くというのは、まさに受動的読書の代表です。一方、点字で読むというのは、そのときの自分に合ったスピードで、言葉の意味を理解しながら、しっかりと読み込んでいく。行きつ戻りつすることもあります。録音図書では戻って聞き直すことは少ないですし、それをやろうとするとボタンを操作するなどして、思考がいったん途切れてしまうんです。

今、若い大学生の中でも、音声で聞けるから点字はいらない、という人もいるようですが、それは違うと思います。やはり思考していく過程における点字の必要性。また音声だけでは十分に聞き取れない言葉を的確に把握する意味でも、点字は役に立ちます。晴眼者でも、オーディオブックで聞くのと、紙の本を読むのを区別すると思いますよ」

確かに耳での読書は便利ですが、「あれ、これはどういう意味だろう？」などと思っても、ついつい聞き流してしまいます。単語を音だけで聞いても、適合する漢字が思い浮かばないこともあります。

一方、文字を読んでいくという行為は、完全に自分の意思による能動的な行動で、そこで得られるものは、耳で聞く情報とは異なります。人間が長い時間をかけて作り上げた「文字」という存在が自分の中からなくなったら、どれだけ恐ろしいでしょう。点字は、目の見えない人にとっての唯一の文字だと思うと、その重みが違います。

病気等で大人になってから視力を失った中途失明者でも、少し点字を知っておくと便利なことが多いので、ぜひ学んでほしいと立花館長は言います。確かに、手もとにある調味料がソースなのかマヨネーズなのか、味見をする前に分かった方が便利ですし、日常の中でメモを取るときも、読み返したり、修正が簡単な点字の方がボイスメモより扱いが良いでしょう。

点字は世界中で使われていますが、日本の点字は外国に比べて、少しサイズが小さいのです。今後は読みやすいラージサイズ点字を普及させようという動きもあると立花館長は言います。

「点字を読める人が急に増えるとは思いませんが、一方で決してなくならないものだと思います。点字が読めるということは、どれだけ我々にメリットがあるのか。点字図書館として、あるいは図書館界を挙げて皆さんに伝えていかないといけないと思っています」

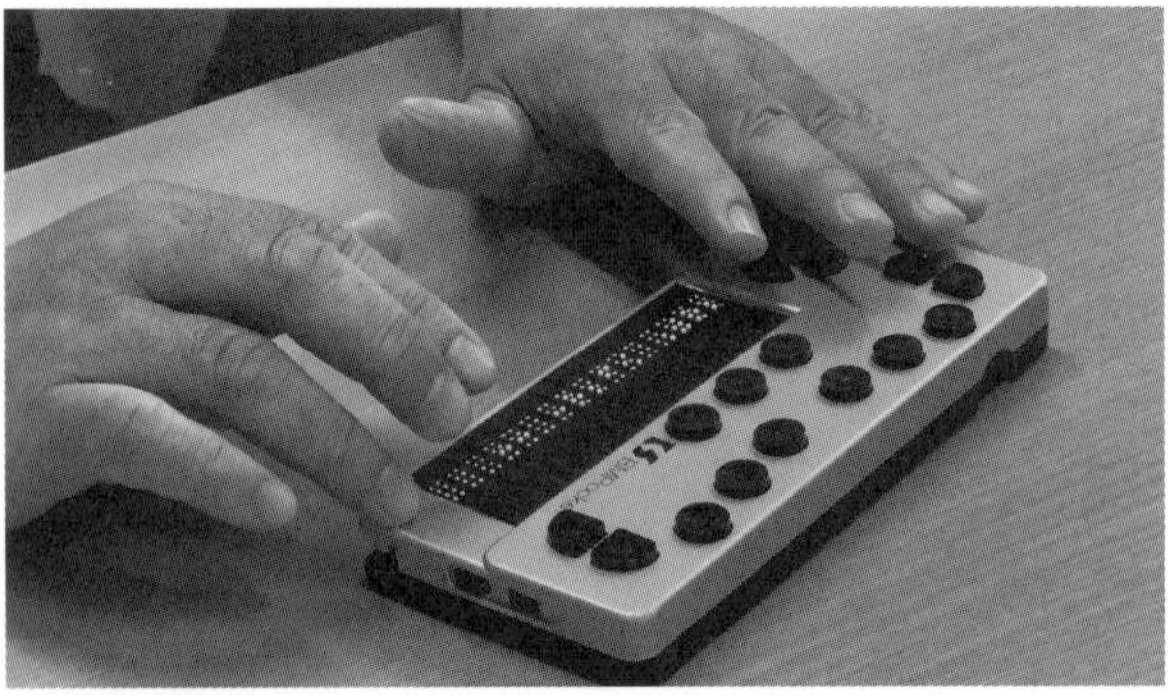

立花明彦館長が愛用する小型点字携帯端末

3　読めないから、読める形に――マルチメディアDAISY

さて、ここまでは視覚に障害のある人のためのアクセシブルブックについて語ってきました。この項では、ディスレクシアなどの障害で、目は見えるけれども、読むことに困難を抱えている人のための本を紹介します。

ディスレクシアとは、知的発達に問題がなく、視覚や聴覚の器官にも異常がないのに、読み書きの能力に著しい困難がある特異な学習障害のことをいいます。文字がにじむ、ゆらぐ、鏡文字になるなど、文字の見え方に困難を感じたり、脳内で文字を音に変換することが難しく、読むのに時間がかかり、読み間違え、書き間違えも多い傾向があります。小学校に

笑顔で取材に応じる南雲明彦さん

入ってから問題に気付いたり、中学校で英語の学習を始めてから困難さが明らかになるなど、個々人によって症状の現れ方はさまざまです。

１９８４年に新潟県湯沢町に生まれた南雲明彦《なぐもあきひこ》さんは、いつもニコニコと笑顔が愛らしく、よくしゃべり、コミュニケーション能力のある少年でした。しかし小学生の頃から読むこと、書くことに困難を感じ、年を追うごとに周囲についていくことが難しくなります。最終的にはインターネット教材を使い、学習にパソコンを活用する通信制高校に転入し、21歳で卒業しました。文字を書くときはキーボードを使い、文章を読むときはサイズを変えるなど、読みやすい形に調整するパソコンの機能が有効だったのです。

その後、たまたまディスレクシアの啓発に取り組んでいるNPO団体でボランティアをしたのがきっかけで、自分がディスレクシアであることが分かりました。悩み続けてきたものの正体が分かったのです。以来、南雲さんはディスレクシアを一般に広く知ってもらうために全国を講演して歩き、本を自ら出版する機会を得ます。

本を出すなら、まずは文章を書く必要があります。この仕事に取り組んだとき、南雲さんは自分の中に十分な語彙《ごい》がなく、言葉を知らないということに気が付きました。言葉を鍛えるには、やはり読むしかない。読めるものはないかと探していたら、たまたま知り合った視覚障害者が音訳図書を聞いている姿を見ました。

「そのとき、僕は目で見ることに、こだわり過ぎていたなと気が付いたんです。その当時、音訳図書があることも知りませんでした」

それから音訳図書を紹介してもらって聞き、分からない言葉があればネットの辞書で確認し、答え合わせをして、知らない言葉をどんどん吸収しました。現在は単著、共著など合わせて5冊の本を出版しています。

文字と音が近づいてくる

南雲さんが子供だった1990年代と比べて、現在はIT環境が発達しているので、有効な支援ツールが存在しています。

もっとも手軽なアクセシブルブックが電子書籍です。最近はスマートフォンでの読書が一般的になってきました。文字を読みやすいサイズに拡大することができるし、行間の変更も簡単。背景色を変えられるし、合成音声での読み上げもできるようになりました。読書中に言葉の意味が分からなければ、ワンタップで調べることもできます。南雲さん自身、仕事に関する会議資料などを受け取ると、音声読み上げで聞くのが手っ取り早いといいます。

また前述した「マルチメディアDAISY」も、大いに役立つ存在です。

ディスレクシアの場合、文字を音に転換するという脳内の作業が難しく、時間がかかります。マルチメディアDAISYは、文字表示と読み上げ機能がセットになっていて、音声合成で読み上げている部分の文字がハイライトで強調されます。少しカラオケの歌詞の表示と似ています。パソコンなどの画面上で、今、どこを読んでいるのか瞬時に分かるようになっているのです。

活字を読むとき、音声が一体となっていると「文字と音が近づいてくる」と南雲さんは言います。劇的に改善はしないけれど、続けるうちに、少しずつ読めるようになっていきます。また誰かの援助を必要とせず、自分のペースで読めるから読書も楽しめるのです。

ディスレクシアの子供たちを見ていると、かつての自分のように読書が不足しているから語彙が少なく、それが問題だと南雲さんは指摘します。読み書きが苦手でも、おしゃべりは得意な子供が少なくないのですが、よく聞くと、何を話しているのか分からない。YouTubeなどで耳にした言葉を音で記憶し、こんな意味なんだろうな、と曖昧な理解で身につけてしまうので、「ここでこの言葉遣いは違うな」と感じる場面が多いといいます。また本を読まないから、書き言葉としゃべり言葉の区別も難しくなります。

「ただ、それは自分を守るための行動でもあるんです。ディスレクシアだから何も知らないという扱いをされたくない。ある程度のことは自分だって知っているんだと思われたいのです。本当なら電子辞書などで調べて、ちゃんと学ぶ必要があるのですが……。語彙が少ないと、SOSをうまく出せず、悩みを自分自身のみで抱えてしまう傾向があります。周囲にSOSを伝えるには『言葉』を活用する必要があるからです」

読書というのは、単に語彙を増やすための手段というだけではなく、1冊の本について誰かと感想を共有するということも大事だと南雲さんは言います。

「例えばクラスで流行っていた本を自分も読みたいと思っても、時間がかかって読み終えられない。『もう、いいや』となってしまう。でも1冊読み終えて、クラスの友達と『あの本、こんなところが面白いね』と感想を言い合ったり、読後感を共有する。そこに楽しさがあると思うんです。その体験が一つ、ポンと抜け落ちてしまうというのは、やはり成長の上でもリスクになると思います。誰かと分かち合えない孤独が本人を苦しめているのだろうなと、いつも感じます」

本から遠ざかる理由

文部科学省の調査（※5）では、「読む」または「書く」に著しい困難を示すという小中学生が3・5％存在しているという結果が出ていて、実際には日本人の8％程度はディスレクシアではないかともいわれています。ICTを活用して「読み」の負担を減らしつつ、できるだけ早い時期から本に親しんでいくことが望ましいのです。

2008年度から学校教科書のマルチメディアDAISY版「デイジー教科書」が作られるようになりました。公益財団法人日本障害者リハビリテーション協会によると、当初80人だった利用者が、2022年度は約2万人になるなど、急激な広がりを見せています。

一般図書のマルチメディアDAISY化も必要ですが、残念ながらまだまだ不十分です。国立国会図書館「みなサーチ」（※6）で検索をかけると、マルチメディアDAISY図書は約800件の登録があり、小学生向けの絵本や書籍が中心。日本障害者リハビリテーション協会による「デイジー子どもゆめ文庫」、公益財団法人伊藤忠記念財団による「わいわい文庫」などの団体が地道に製作を続けています。

「最初から読書嫌いだったのではなく、みんなの前で朗読させられるのがいやで、本から遠ざかってしまう子供たちは多いと思います。本というものに、まだちゃんと出合っていないんですね。『あれもこれも読める』となると、読書はもちろん、文章を読むことも面白くなってくるだろうし、結果的に本人の生きる力になる。だからこそ、読書の楽しさを伝えたいですね」

と南雲さん。全国の公共図書館でもマルチメディアDAISY図書の蔵書が少しずつ増えているので、ぜひ図書館を活用してほしいと思います。

4　読みやすく、分かりやすい形に――LLブック

知的障害のある人、ディスレクシア、聴覚障害があり手話を第一言語にしている人、日本語以外の母語を持ち、日本語を学習している人など、一般書籍を読むのが難しい人に向けて、分かりやすく内容を伝え、読書の楽しさを味わってもらうための本を「LLブック」といいます。

「LLブック」のLLとは、スウェーデン語の「LättLäst」（レットレスト、やさしく読めるという意味）を略したものです。英語では"Easy-To-Read Books"と呼ばれています。スウェーデンでは1960年代から出版され、日本語に翻訳されたものもあります。日本語によるオリジナル作品は2006年発行の『ひろみとまゆこの2人だけのがいしゅつ』（清風堂書店）など、2000年代初頭から始まり、社会福祉法人埼玉福祉会、株式会社樹村房《じゅそんぼう》などが日本版のLLブックを出版しています。

やさしく読める本というと、幼児向けの絵本や児童書などを思い浮かべますが、LLブックは読者対象が異なります。中学・高校生から成人の読者に向けて、仕事や趣味、恋愛な

ど、幅広いテーマを扱っています。

実際にＬＬブックを読んでみると、シンプルな構成でポイントを押さえ、内容を端的に伝えようとする工夫を端々に感じます。文章は短く、難しい漢字は使いません。また、すべての漢字にルビが振ってあり、文節ごとにスペースを入れる「分かち書き」になっています。写真やイラストが多く使われ、中には写真だけのＬＬブックもあります。ピクトグラムを添えて、文字を読むことが苦手な人でも意味の理解を促す工夫があり、ページ数が少なく、短時間で読み切るスタイルです。

あっという間に最後まで

ダウン症で知的障害のある長男を公立小学校、中学校に通わせ、地域の子供たちとともに育てた経験のある古市理代《ふるいちみちよ》さんは、息子に初めてＬＬブックを与えたとき、最後まで読み通すことができたことに驚いたと言います。

「幼稚園に通っていた頃、絵本の読み聞かせの時間では最後まで集中できず、サッとどこかに行ってしまう子供でした。どんなに短い幼児本でも興味が続かない。ですから教科書中心に学習をする学校生活は思った以上に困難だったのです。ところがＬＬブックは写真中心にどんどんページを進めていけるので、あっという間に最後まで行く。それが成功体験になるのですね。もう1回読みたいという気持ちになるようです」

それから彼は家の近くの図書館へ行って、自分の好きなLLブックを借りてくるようになりました。LLブックはほとんど文字のない初級から、文字の増える中級へとレベルが上がっていくので、そこも読書の面白さを増やしてくれます。

「パラパラとページをめくって、理解するというより、その時間を楽しんでいるという雰囲気でした。彼は知的障害と同時にディスレクシアの傾向もあって、読み書きが苦手でしたが、LLブックを使うと、理解度や興味の示し方が全然違う。それが実体験として分かったので、この本に出合えてよかったし、ぜひ皆さんにも知ってほしいと思います」

学齢期の子供だけでなく、学校を卒業した障害者、いったん読書を諦めた高齢者など、自分に合ったLLブックがあれば、そこから再度、読書の喜びに出合えると古市さんは言います。

LLブックの課題は、マルチメディアDAISYと同様、発行されている書籍が少ないということです。「みなサーチ」で検索しても数十件しか蔵書がありません。知的障害のある子供を持つ親の会などで自主的に製作される場合もあるそうですが、公に出版されるということはほとんどありません。今後はいかに質の良いLLブックを増やし、それを一般書籍として流通に乗せていくのかがテーマです。

２０２３年５月発行のＬＬブック『仕事に行ってきます　プラス〔２〕わたしのおべんとう』（56ページ　埼玉福祉会）は、人気料理研究家の枝元《えだもと》なほみさんが監修をしています。福祉の世界以外からも専門家や作家が多く参入することで、作品の幅が広がることが期待できると思います。また近年、日本ではマンガでＬＬブックを作ることができるのではないかという研究も始まっています（※７）。

『仕事に行ってきます プラス（2）わたしのおべんとう』の表紙。障害のある３人が作るおべんとうを紹介している

りんごの棚を図書館に作る

現在、古市さんは、障害がある人が地域の中で生きられる社会の在り方を考え、ＮＰＯ法人ピープルデザイン研究所の理事など、さまざまな活動を行っています。その中の一つに

「りんごプロジェクト」（※8）があります。

もともとは1990年代にスウェーデンの公共図書館で、視覚障害や知的障害など、特別な配慮を必要とする子供たちの読書体験を支援するために始まった活動です。りんごのイラストがシンボルマークで、図書館の一角に「りんごの棚」を設置し、点字図書、録音図書（音声DAISY）、マルチメディアDAISY、LLブック、布の絵本など、さまざまな種類のアクセシブルブックを並べて紹介しています。

日本でも2010年代から少しずつ導入が進み、東京都立多摩図書館、渋谷区立中央図書館などに設置されている他、「りんごプロジェクト」では公立小学校などへの出前授業、公共図書館、ショッピングセンターやイベント会場に出張して、アクセシブルブックを手に取ってもらう体験会を行っています。

「アクセシブルブックはいろんな種類もあるし、コ

図書館に設置されたりんごの棚の前で。後列左側が古市理代さん
写真提供：横浜市山内図書館（指定管理者：有隣堂グループ）

ンテンツも増えているのですが、学校の先生や司書の方も知らないというのが現実で、それなら周知活動をしようというところから始まりました。図書館利用者が『アクセシブルブックって、なんですか？』と職員に質問をしても、『知りません』と答えてしまっては残念です。障害当事者や関係者だけでなく、一般の人に知ってもらうことが、すごく大事だと思ったので、重点的にアプローチしています」

「りんごの棚」で初めてLLブックに触れた子供が興味を持ち、自由研究の対象にしたという事例もあると古市さんは言います。通常の書籍に慣れ親しんだ大人でも、LLブックを見てみると、独特の面白みを感じられると思います。アクセシブルブックは従来の本にはない魅力や、今まで知らなかった世界を発見させてくれる装置なのかもしれません。

同時に、障害のある人にとって、アクセシブルブックを通じた学習は、将来の成長に関わる重要な経験です。そのために求められるのは、より豊かなアクセシブルブックの世界を創ること。一人一人の個性と能力をより輝かせる上で、今後、ますます大切な仕事になってくるのではないでしょうか。

5　さまざまな触感を楽しむ——布の絵本

本といえば紙を思い浮かべますが、ここでは「布の絵本」というアクセシブルブックをご紹介します。

子供の本の売り場や、ネット通販などで購入できる布の絵本を見たことがある人もいるでしょう。文字通り、本全体がコットンやフェルトなどで作られ、ふんわりとした優しい手触りがします。

ページをめくるとファスナーやボタン、マジックテープ、ひもなどが取り付けられ、さまざまな仕掛けが楽しめます。ファスナーを開けると、中から人形が出てきたり、オーブンの扉を開けると、たくさんのクッキーが現れたり。取り外しができるパーツが多く使われているので、子供たちが手を動かして楽しめるのが特徴です。手指の機能訓練にも役立ち、カラフルな色合いや、かわいらしい造形にあふれたアートブックとして、子供たちの心身の刺激になります。

布の絵本のことを英語では“Busy Book”または“Quiet Book”といいます。あまりに楽しくて、絵本遊びに熱中するから子供が忙しくなる、または静かになる、というところからのネーミングだといわれています。

「小さな子供がスナップのついているパーツを外した後、またはめようとするのですが、なかなかできなくて。一緒にいた母親のほうが待ちきれなくて『もう帰ろう』と言うのですが、まだまだやりたくて、一生懸命に手を動かすんです。ついにプチッとはまったときの、子供の満足そうな顔がいいんですね。私たちもやりがいを感じます」

たくさんの布の本（※9）を前に語るのは、公益財団法人ふきのとう文庫「ふきのとう子ども図書館」の代表理事、髙倉嗣昌《たかくらつぐまさ》さんです。

「布の本」を持つ髙倉嗣昌さん。ファスナーを開けると、中にぬいぐるみが入っている

布の感触は母の肌

北海道札幌市で活動しているふきのとう文庫は、日本の布の本作りの元祖とも言える存在です。創設者の小《こ》林《ばやし》静《しず》江《え》さん（2017年逝去）は「すべての子どもに本の喜びを！」をモットーに、1970年、心身に障害のある子供のための文庫を自宅で開きました。1973年には小樽市立病院小児科病棟のプレイルームに病院文庫を開設。その過程で布の本の有用性に気が付き、アメリカで作られていたものを参考に、オリジナル作品の制作を始めました。

「布の感触は第二の母親の肌のように優しいです。紙だと皮膚がスパッと切れることもありますが、そんな心配もない。引っ張っても破れません。きれいに作ってあるので、触っていいのかと聞かれますが、

「ふきのとう子ども図書館」外観

『どうぞ、どうぞ。遠慮なく触って遊んで、ドロドロにしてください。それがこちらの喜びです』と答えています」（髙倉さん）

1982年、小林さんは私財を投じて札幌市西区に「ふきのとう子ども図書館」を開館。30年が過ぎて、老朽化が心配されると、髙倉さんが札幌市中央区にある自宅敷地の一部を無償で提供し、2014年に新築移転しました。

札幌駅から車で10分ほどの場所にある新しい図書館は、木の素材を活かした居心地の良い空間で、エントランスから内装、トイレまでバリアフリー設計が行き届いています。図書室には一般的な絵本の他、布の本、拡大写本（大きな文字の本のこと。詳細は次項で解説します）がずらり。特に丁寧な手作業で作られた布の本が何十種類も棚に積んである様子は圧巻です。

「建物がバリアフリーであるとか、そういう物理的な環境だけでなく、文化的な意味でのバリアフリーを目指しています。障害があろうがなかろうが、分け隔てなく、子供たちに喜んで遊んでもらうことが大事です」と、髙倉さんは言います。

ふきのとう文庫の布の本の特徴は、ボタンをはめたり、ひもを引くなど、手指を使って楽しむタイプもある一方、物語を楽しむタイプも豊富です。『おむすびころりん』や『みにくいあひるのこ』などは美しい色使いと見事な造形で、とても完成度の高い布の本ですが、文字は書かれていません。

「著作権などの関係で、どうしても入れなければならない作品以外、なるべく文字は使いません。例えば親が子供と一緒に布の本を見るとき、対話の中でオリジナルの物語を創り出すことも自由ですし、そこで子供の情操が発達してくれたらうれしいです」（髙倉さん）

文字を介さないことで、文字が苦手な子供でも無理なく物語の世界に入ることができる。そんなバリアフリーの姿があるのです。

手作りの美しさが癒やしにつながる

この図書館のユニークな点は、建物の2階に広い作業室を持っていることです。大きな作業台、布の本の型紙、布や糸、各種パーツがきちんと整理された棚など、まさに立派な工房という体裁。現在、6つのグループに分かれた約50人の制作ボランティアが、年間１４０冊ほどの布の本を制作し、全国の図書館などへ販売しています。

ネット通販などで購入できる布の絵本はミシンで縫われ、絵柄はあらかじめ布にプリントされていたりしますが、ふきのとう文庫で作る布の本は基本的にすべて手縫いです。フェルトを細かく切って複雑な絵柄を表現し、さまざまな種類のステッチで縫い付けます。針目の細かさは1ミリ、2ミリの世界。刺繍の技法なども駆使され、もう完全に職人芸のレベルでしょう。大量生産の市販品と比べると、その存在感は圧倒的です。

見るだけでも楽しいですが、触ってみると作り手のパワーを指先に感じ、優しい気分になってきます。この感覚は恐らく、子供でも大人でも同様ではないでしょうか。布の本は、障害のある子供たちだけでなく、病気や事故などで障害が残った人のリハビリや、心の癒やしにも利用されているそうです。

ふきのとう文庫から始まった布の本作りに刺激され、1980年代前後から、日本各地で布の絵本を制作するボランティア活動がスタートしています。それぞれ細かな手作業で、素晴らしい作品を作り出し、地域の図書館などへ納本しています。都道府県立図書館の約9割が布の絵本を所蔵しているという統計もあり、作り手の層の厚さを感じます。

ただ、どの制作チームにも悩みがあります。それは、後継者問題です。

東京都新宿区立図書館を本拠地に活動しているボランティアグループ「布えほんふわふわ」は、1998年から布の絵本制作を続けています。メンバーは約10人で、年間約2作品を制作。同じものを3冊作り、2冊は図書館に寄贈、1冊は会で保存しています。

活動初期からオリジナル作品を作り始め、みんなで話し合いながら、構想を練ります。過去に作った作品を見せてもらいながら話を聞くと、どの人も制作時の苦労を、とても楽しそうに語ってくれます。メンバーの平均年齢は60～70歳。ふきのとう文庫を含めた他のボランティアグループでも、ほぼ同様の状況です。

布の絵本制作の活動は10年後、どうなっているか心配です。録音図書ならば、合成音声で代替することができるかもしれません。しかし布の絵本は人の手で作らなければ、もう存在を続けることはできないでしょう。

今後、どのように持続させることができるのか、なかなか解決策が見つからない課題です。約半世紀続いた、日本の布の絵本文化を守れるかどうかの瀬戸際です。

6　見えにくいから大きくする――拡大写本、大活字本

布の本作りで知られるふきのとう文庫ですが、もう一つの活動の柱として、ボランティアによる拡大写本作りを行っています。同館の2階には布の本の作業室、その右側には、やはり広い作業室があり、拡大写本グループの拠点になっています。

拡大写本というのは、文字通り、オリジナルの書籍の文字を読みやすいように大きく拡大して、本の体裁に整えたものです。眼鏡やコンタクトレンズを使っても、十分な視力が出ない、視野が極端に狭くて通常の生活を送るのにも不便を感じるなど、視覚に障害のある子供たちが絵本や児童書などを無理なく読めるようにと始めた活動で、1982年にスタートしました。完成した拡大写本は視覚支援校などに寄贈していますが、ふきのとう子ども図書館にも約500冊の蔵書があり、貸し出しも行っています。

拡大写本の製作は想像以上に手間がかかります。縦書きの文章や、線の太さが均一ではない明朝体などは読みにくいので、ふきのとう文庫ではゴシック体の横書きに打ち換えます。文字サイズは14～60ポイントで、よく使われるのは28ポイント。1文字が1センチ角ほどの大

きさです。
「絵本のイラスト部分は拡大コピーをするのですが、かつてはカラーコピーの代金があまりに高額で手が出ませんでした。そこでモノクロでコピーしたあと、ボランティアがクーピーペンシル（※10）で丁寧に色を付けていました。当時は同じ本を6冊作っていたので、手塗りボランティアは一生懸命に作業をしても、1年に1作品できるかどうか。ペースが遅かったです」（髙倉さん）

現在、絵本の拡大写本作りはカラーコピーを利用していますが、弱視の人には手塗りの方が目に優しいとのことで、いまだに一部でクーピーペンシルによる手塗りを続けているそうです。また絵本の場合、絵の部分と文字が離れてしまうと読みにくいので、それをどう組み合わせるのか等の工夫が必要です。布の本と同様、細かな手作業の世界です。

拡大写本にする書籍は絵本だけでなく、小学生が夏休みの宿題で読書感想文を書くために必要な児童書、漢字学習のための参考書、ことわざ本、マンガなどがあり、ふきのとう文庫では、さまざまな分野で蔵書を増やしています。

拡大写本は、元になる書籍を複製するということになるので、本来なら原本の著作権者の許諾が必要です。しかし、２００９年に著作権法が改正されました。視覚障害者等が必要とする場合、著作権者に許諾を取らなくても、図書館やボランティアグループが拡大写本を作ることができます。

低迷する図書館での収蔵率

そもそも、視覚に障害のある子供のための拡大写本作りは1968年、山梨ライトハウス点字図書館（現在は山梨ライトハウス情報文化センター）でスタートし（※11）、盲学校の学校図書館が中心となって行ってきました。子供たちの学習に欠かせない教科書や参考書の拡大写本はニーズが高かったのです。当初はワープロもなく、手作業で文字を書き写すなど、ボランティアによる地道な作業でしたが、最近ではパソコンの活用で作業スピードもアップしています。

とはいえ、全国の公立図書館を調べると、拡大写本の収蔵率はとても低く、2021年度の全国調査（※12）では、都道府県立図書館での収蔵率は8・5％、市区町村立図書館では4・6％でした。ただし各館の平均所蔵タイトル数を見ると、都道府県立図書館は40タイトル、市区町村立図書館は191タイトルで、市区町村立図書館の方が5倍ほど多いのです。

また同調査で2020年度、新たに拡大写本を作った都道府県立図書館はありませんでしたが、市区町村立図書館は22館が自館で資料を製作しています。

つまり日常の暮らしに近い場所にある市区町村立図書館で、たまたま拡大写本があれば、案外、いろんな種類の拡大写本と出合える可能性があるというわけです。地域による偏りが課題です。

大活字本の広がり

小さな文字を大きくして読みやすくする本には、もう一つ、大活字本があります。拡大写本とは異なり、大活字本はボランティアの手作業で作るのではなく、出版社が企画制作し、販売する形態です。文字サイズは通常の1・5～2倍程度で、文字間・行間だけでなく、書体も工夫し、読みやすくなるような配慮がされています。その分、本が分厚くなり、通常の文字サイズなら1冊の本も、上下巻などに分割して製本されることも多いです。
欧米では"Large Print Book"と呼ばれ、以前から広まっていました。日本で最初の大活字本は1978年発行の『星の王子さま』(サン=テグジュペリ著　どらねこ工房　※13)で、1980年には埼玉福祉会が『月山』(森敦著)と『ガラスのうさぎ』(高木敦子著)を刊行。同会は現在まで1300点以上の大活字本を発行し、全国公共図書館への普及にも尽力しています。

現在は河出書房新社、埼玉福祉会、講談社、三和書籍、読書工房、三省堂などが大活字本の出版を行い、全国図書館での所蔵率も非常に高いです。都道府県立図書館では97・9%、市区町村立図書館では91・9%（※14）で、総タイトル数も多く、アクセシブルブックの代表選手と言っても過言ではありません。また近年は注文に応じて1冊から印刷製本できるオンデマンド印刷が発達。少部数から作れるので、これまで出版が難しかった児童向け書籍などの種類を増やすことも可能になってきました。

大活字本は弱視の人はもちろん、加齢により老眼が進んだ人、読み書き障害のある人など、幅広い層が活用できるポテンシャルを含んでいて、今後も発展が期待できます。デジタル化が進む読書の世界でも、バックライトの光がまぶしくて、スマートフォンやタブレットでは長時間の読書が難しい人もいるでしょう。紙に印刷されたものを読むというスタイルを維持することが必要です。また大活字本は総ルビがついているものも多く、外国にルーツがあり、日本語が母語でない人でも読みやすいという利点があります。

第1章では、音訳図書、オーディオブック、DAISY、点字の本、LLブック、布の絵本、大活字本など、さまざまなアクセシブルブックを紹介してきました。

見る、聞く、触るなど、情報へのアクセス方法は違いますが、本の中に表現されている世界を楽しみ、新たな知識や経験を得る、学ぶという点では共通です。どのスタイルの本でもタイトル数がさらに増えて、図書館で誰もが手軽に借りることができたり、ネット通販などで購入可能なのが理想です。

また同じ書籍でもＤＡＩＳＹバージョンもあれば、大活字本もあるなど、幅広い選択肢があれば、読む人の個性に応じた最適な1冊を見つけることもできるでしょう。多様性のさらなる深掘りが、今後のアクセシブルブックの進む道なのです。

※1　「日本における視覚障害の社会的コスト(日本眼科医会研究班報告2006〜2008)」『日本の眼科』第80巻 第6号（通巻578号）付録　2009年6月20日発行

※2　何らかの原因により視覚に障害が出て、日常生活に不自由をきたしている状態のこと。

※3　サピエ図書館　https://www.sapie.or.jp/cgi-bin/CN1WWW

※4　ピンが上下に動くことで、点字を表すことのできるピンディスプレイがついた携帯端末。読むだけでなく、点字を書くこともでき、メモ帳がわりに使えるのも便利。パソコンとつないで使うこともでき、多くの点字ユーザーが愛用している。

※5　「通常の学級に在籍する特別な教育的支援を必要とする児童生徒に関する調査結果について」　文部科学省初等中等教育局特別支援教育課　令和4年12月13日

※6　国立国会図書館障害者用資料検索エンジン　https://mina.ndl.go.jp/

※7　『障害のある人たちに向けたＬＬマンガへの招待』　吉村和真・藤澤和子・都留泰作編著　樹村房　２０１８年

※8　りんごの棚　https://appleshelf.jp/

※9　ふきのとう文庫では「布の絵本」という言葉は使わず、「布の本」としている。布の本の創作が限定的なものにならないようにするための配慮だという。本書ではふきのとう文庫に関する記述内においてのみ「布の本」という言葉を使用する。

※10　株式会社サクラクレパスの商品。クレヨンの発色の良さと色鉛筆の描きやすさを併せ持つ全芯タイプの色鉛筆。

※11・※13　『読書バリアフリーの世界』　野口武悟著　三和書籍　２０２３年

※12・※14　「2021年度（令和3年度）公立図書館における読書バリアフリーに関する実態調査報告書」　全国公共図書館協議会　2022年3月
https://www.library.metro.tokyo.lg.jp/uploads/report2021_chapter2_p18-19ver2.pdf

第2章 読書を心地よく楽しむための社会背景とその変遷

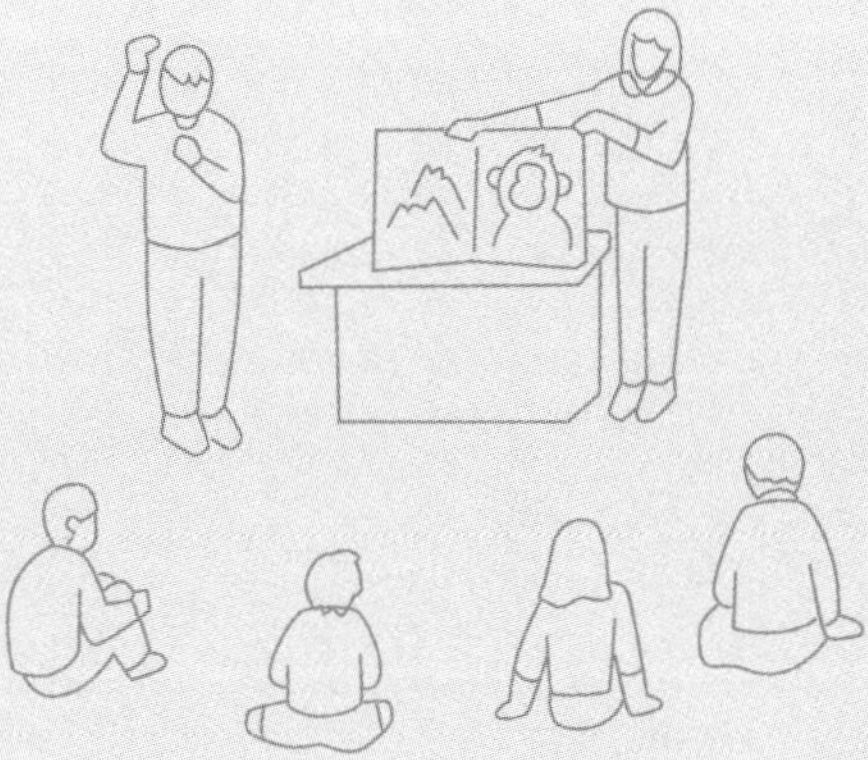

第2章では、最初に、これまで何度も触れられてきた「読書バリアフリー法」について説明します。その後、図書館情報学を専門とし、障害者に対する図書館サービスの在り方について研究している専修大学文学部の野口武悟《のぐちたけのり》教授に、読書バリアフリー法の社会的な背景と現在の課題について伺いました。後半では、その実践例として、東南アジアで障害児教育をサポートしている特定非営利活動法人エファジャパンの活動を紹介します。

1 「読書バリアフリー法」とは何か

アクセシブルブックを語る上で、読書バリアフリー法は欠かせません。読書バリアフリー法の正式名称は、「視覚障害者等の読書環境の整備の推進に関する法律」です。この法律は、視覚障害や発達障害、肢体不自由などで、印刷された本を読むことが難しい人の読書環境を整え、すべての人が文字や活字文化を楽しめる社会を目指すためのもので、２０１９年に成立しました。

読書バリアフリー法の基本理念は、読書の利便性を向上し、視覚障害者などが使いやすい電子書籍の普及を促進すること、電子書籍だけでなく、従来からある点字本や大活字本などのアクセシブルブックの数量と品質の向上を目指すこと、障害の種類や程度に応じて適切な配慮が行われることとの3つです。

読書バリアフリー法の成立は一歩前進ですが、まだ社会全体に浸透していません。『ハンチバック』の著者、市川沙央《いちかわさおう》さんは、先天性の難病により重度の障害があります。市川さんは自著の主人公に「私は紙の本を憎んでいた。目が見えること、本を持つこと、ページをめくること、読書姿勢が保てること、書店へ自由に買いに行けること、(中略)その特権性に気づかない『本好き』たちの無知な傲慢さを憎んでいた」(※1)と語らせています。また、第169回芥川賞・直木賞の選考会(2023年7月19日)で、芥川賞受賞後の記者会見で市川さんは、「私が一番訴えたいのは、やはり読書バリアフリーの推進です」と述べました。

市川さんが指摘するように、読書バリアフリーの整備状況は十分ではありません。アクセシブルブックは一般的に入手しにくく、点字本や音声読み上げ機能を備えた電子書籍などの選択肢は、通常の本と比べて限られています。アクセシブルブックの種類は増えていますが、まだ充実していない分野もあります。特に、新刊や人気のある本がアクセシブルな形式で提供されていないことが多いです。

このような現状の中で、2024年4月9日には読書バリアフリーに関する三団体共同声明が発表されました。声明のタイトルは「すべての人に表現を届けるために、そして誰もが自由に表現できるように」で、「読書バリアフリー法」、改正「障害者差別解消法」などへの賛同の意を表明しています（※2）。この三団体は、公益社団法人日本文藝家協会、一般社団法人日本推理作家協会、そして一般社団法人日本ペンクラブです。

しかし、障害の特性は人それぞれ異なります。全く見えない人と弱視またはロービジョンの人では、読める本の種類が異なります。出版社は対応したいけれど、特性に合った本を製作するには、コストやノウハウなど、さまざまな問題があり、障害者が期待するような取り組みができない状態が続いています。

出版業界へも合理的配慮を求める

2013年6月、「障害を理由とする差別の解消の推進に関する法律」（通称「障害者差別解消法」）が制定され、2016年4月1日から施行されました。2021年5月には、同法が改正され、改正法は2024年4月1日から施行されました（令和3年法律第56号）。この法律では、障害のある人への差別的な取扱いを禁止し、障害のある人からの申し出に対しては、負担が重過ぎない範囲で合理的配慮をすることが求められています。今回の改正では、事業者による障害のある人への合理的配慮の提供が義務化されました（表1参照・※3）。

合理的配慮とは、障害者が社会の中で出合う困りごとやバリアを取り除くための調整や変更のことです。2006年に国連で採択された、世界に暮らす障害のある人の権利を守るための国際的な条約である「障害者の権利に関する条約」（日本政府は2014年1月に批准）の条文の中に「合理的配慮」という言葉が使われています。

合理的配慮の例を図書館で考えてみると、車椅子利用者のために、書棚の高い位置にある本を取って渡したり、視覚障害や文字を書くことが難しい障害のある人に、利用登録申込書の代筆をするなどがあります。

表1

（改正後）

	行政機関等	事業者
不当な差別的取扱い	禁止	禁止
合理的配慮の提供	義務	努力義務⇒ 義務

（出典）リーフレット「令和6年4月1日から合理的配慮の提供が義務化されます！」内閣府
https://www8.cao.go.jp/shougai/suishin/sabekai_leaflet-r05.html

合理的配慮を的確に提供するための取り組みを「環境の整備」といいます。障害者にとって困難な状況が発生しないように先回りして事前にできることをやっていきましょうというものです。先の図書館の例で言えば、高い書棚を設置しないことや高い位置に本を置かないようにしたり、来館しなくても郵送や、電話、FAXなどによる利用登録ができるようにルールを変更するなどです。

本に対しても、この合理的配慮が求められれば、結果的に多くの人々が読書を楽しめることにつながります。特に紙の本では実現できなかった文字の拡大や、音声で聞かせる機能を有する電子書籍が期待されています。これまでも出版社は、個別に依頼された場合にテキストデータを送るなどの対応をしてきました（第3章に事例を紹介しています）。しかし、環境整備の一つとしてあらかじめアクセシブルな電子書籍版を作成しておけば、個別に対応せずに済みます（アクセシブルな電子書籍については第4章で解説します）。

2　読書バリアフリー法制定の背景

読書バリアフリー法が制定された直接のきっかけは「マラケシュ条約」への加入でした。この条約は、２０１３年に採択され、「盲人、視覚障害者その他の印刷物の判読に障害のある者が発行された著作物を利用する機会を促進するためのマラケシュ条約」という正式名称で知られています。

この条約は、視覚障害者が利用しやすい形式で著作物にアクセスできるようにするための国際的な規定です。点字や録音図書など、視覚障害者にとって読みやすい形式の著作物の著作権制約を緩和し、国境を超えてこれらの資料を交換することを容易にします。これにより、視覚障害者の情報アクセスが大幅に改善されることを目指しています。

しかし、世界盲人連合（World Blind Union、以下ＷＢＵ）によれば、世界中で視覚障害者が利用可能な本の割合は非常に低く、開発途上国では１％以下、先進国でも７％と推測されています。このような読書の機会が奪われている状況は、「本の飢餓（Book Famine、ブックファミン）」と呼ばれています。これは、視覚障害者が利用できる本があまり提供されていないことが一因です。出版社にとって点字や録音図書の販売は利益性が低いため、それらの形式の本が少ないのです。また、点字図書館などで製作された本も、各国の著作権法により国外への流通が難しいことがありました（※4）。

3 日本での障害者サービスの変遷

日本で本格的に障害者施策が講じられるようになったのは戦後間もなくのことです。戦前も点字図書館に相当する施設などが設けられていましたが、「身体障害者福祉法」で点字図書館が厚生省（現厚生労働省）の管轄となり、文部省（現文部科学省）管轄の公共図書館から切り離されました。その結果、公共図書館における点字文庫などの実践は、その後しばらく停滞することになりました（※5）。

１９６９年、視覚障害の学生たちが公共図書館への門戸開放運動を起こし、「学習権」や「生存権」など人権保障を求めました。その結果、１９７０年には東京都日比谷図書館（現在の千代田区立日比谷図書文化館）での対面朗読サービスが始まり、各地の公共図書館へも広がっていきました。

ここまでは、視覚障害という特定の障害に焦点を当てたサービスが展開されましたが、1976年の全国図書館大会の分科会において、視覚障害者に限らず、「図書館利用に障害のある人々」を「障害者」とする捉え方が示されました（※6）。この背景にあるのは、「ノーマライゼーション」という思想です。

ノーマライゼーションとは、デンマークの社会省で知的障害者の施設を担当したバンク・ミケルセンらにより1960年代に提唱され、「障害のある人も、障害のない人と同じ生活と権利が保障されるべき」という考え方です。

日本においても1981年の「国際障害者年」をきっかけにノーマライゼーションの思想が広まっていきました。

ノーマライゼーションや障害の社会モデルを具体的に推進するアプローチとして、バリアフリーとユニバーサルデザインがあります。一般的に、バリアフリーは、社会や生活環境に存在するバリア（障壁）を除去するアプローチのことで、対照的に、ユニバーサルデザインは障害の有無、年齢、性別、人種などにかかわらず多様な人々が利用しやすいよう社会や生活環境をあらかじめデザインするアプローチのことです（※7）。

2018年4月、前述したマラケシュ条約は、日本の国会で締結承認がされました。同年5月、「著作権法」の一部が改正されました。この改正によって、視覚障害者等の個人へデジタル化された点字図書や録音図書をインターネットで送信すること（公衆送信）も可能となりました。

4　現在の課題と、解決への提言

野口教授は、「図書館では比較的早くから、『図書館利用に障害のある人』に焦点を当て、障害は利用者ではなく、図書館側にあるとの考え方に変わっていきました」と語ります。この考え方を「障害の社会モデル」といいます。障害の社会モデルの根底にあるのが、すでに述べたノーマライゼーションの思想であり、これは「障害者の権利に関する条約」にも示されています。

学校に通う子供たちにとって、読書はすべての学びの基礎として欠かせません。「学校教育法」でも、義務教育の目標の一つに「読書に親しませ、生活に必要な国語を正しく理解し、使用する基礎的な能力を養うこと」が挙げられています。しかし、視覚障害や発達障害のために、紙の本では読書が難しい子供たちも少なくありません。野口教授は、公益財団法人伊藤忠記念財団が2011年度から行っている「わいわい文庫」と呼ばれる電子図書普及事業に注目しています。

これはマルチメディアDAISYを子供向けに製作して、特別支援学校や図書館に寄贈し、障害のある子供たちに読書の機会を提供するという取り組みです。これまで、障害者に配慮された本は、触る絵本や布の絵本を除いて大人向けがほとんどで、子供への配慮は行き届いていませんでした。

「この取り組みこそ、『読書のユニバーサルデザイン化』だと思いました。アクセシブルブックの在り方も、特定の障害のある人への対症療法ではなく、ユニバーサルデザインのように、初めから誰にとってもアクセスしやすいように作られる社会になるといいですね」と野口教授は言います。

マルチメディアDAISYは読み上げ音声と連動してテキストをハイライトする機能があります。そのため、「同じ行を何度も読んでしまって疲れる」という特性を持つディスレクシアの人の読書にも有効です。ハイライトの他、文字の大きさや行間、色合い、再生スピードなども自由に調整可能です。

読書バリアフリーを必要としている人々

野口教授は、「視覚障害者などの関係団体による読書環境の改善を求める働きかけもあり、読書バリアフリー法が制定されました。しかし、現在も課題はあります」と指摘します。一つ目の課題は、読書バリアフリー法が対象としている人以外にも、読書のサポートを必要としている人がいる点です。

「外国にルーツを持つ人や帰国児童(生徒・学生)の中にも日本語の本を読むことが難しいと感じる人がいます。しかし、読書バリアフリー法ではこれらのニーズに対応できていません」

文部科学省が実施した「日本語指導が必要な児童生徒の受入状況等に関する調査(令

和3年度）」（※8）によると、公立学校における日本語指導が必要な児童生徒数は、5万8353人で、2018年度の前回調査より14・1％増加しています。そうした子供たちのために、多様な言語のコンテンツを提供することも大切です。

野口教授は、2023年から2027年度を実施期間とする文科省の第五次「子どもの読書活動の推進に関する基本的な計画」（※9）策定に関わりました。同計画では、「多様な子どもたちの読書機会の確保」や「デジタル社会に対応した読書環境の整備」などの基本的方針を掲げています。さらに読書バリアフリー法を踏まえ、電子書籍などを含めた図書の充実や図書館等の読書環境の整備が不可欠であるとしています。

また、デジタル社会に対応した読書環境の整備では、電子書籍等の利用、学校図書館や図書館のDX（Digital Transformation の略、デジタルトランスフォーメーション）を進める必要があるとしています。図書館におけるDXとは、従来の図書の貸し出しや情報提供に加えて、電子書籍の収集やオンラインサービスの充実、デジタル技術を活用して利用者の使いやすさを向上させることなどを含む、デジタル領域での変革を意味します。

文科省が実施した「令和2年度『子供の読書活動の推進等に関する調査研究』」（※10）によると、公立学校で電子書籍を導入している自治体の割合は8・5％でした（一部の学校での導入を含む）。また、『電子図書館・電子書籍サービス調査報告2023』では、全国の市町村の約3割にあたる520自治体の図書館で電子書籍が導入されていることが分かります（※11）。

公立学校でのバリアフリー図書の整備状況はまだこれからであり、公共図書館の電子書籍などを含めた読書環境の整備も十分とは言い難い現状です。

公共図書館の障害者サービスの課題と出版社の協力

二つ目の課題は、図書館の障害者サービスの不足です。

「公共図書館では、障害者サービスが従来から行われてきましたが、バリアフリー図書の所蔵は市町村立図書館では低く、中でもDAISYなどの音声コンテンツの所蔵率が低いです。また電子図書館を導入する図書館は増えつつありますが、音声読み上げ可能なアクセシブルな電子書籍の提供はまだ少なめです」（野口教授）

公共図書館の障害者サービスについては第5章で解説しますが、録音図書やマルチメディアDAISY、そして電子書籍などをどう増やしていくのかが重要になります。

野口教授は、三つ目の課題として、出版社の協力を挙げます。

「DAISYなどを各図書館等で作っていくということももちろん必要ですが、電子書籍を含め、アクセシブルブックを出版社にたくさん出してもらえるように働きかけていくことも大切になると思います」

出版社の取り組みについては第3章で解説しますが、前述したように今回の障害者差別解消法の改正では、事業者による障害のある人への合理的配慮の提供が義務化されました。出版社にはここまで述べてきた各法律の趣旨を理解し、たくさんのアクセシブルブックを出すことに可能な範囲で取り組むことが期待されています。

インプレス総合研究所が実施した「電子書籍ビジネス調査」によると、2022年度の電子書籍市場規模は6026億円と推測され、前年度から9・4%増加しています(※12)。この電子書籍すべてに、アクセシビリティ機能が実装されれば、読書バリアフリー法が求めている、アクセシブルブックの数量と品質の向上が実現されるのです。

これらの課題に対して、野口教授は次のような解決策を提示します。一つは、既存のコンテンツの共有と活用です。

「音声コンテンツの場合、これまでは各図書館が音訳者を養成し、DAISYの製作を行ってきました。そのため、製作している図書館とそうでない図書館で、DAISYの提供に大きな格差がありました。現在では、サピエ図書館や国立国会図書館の『みなサーチ』を使えば、DAISYなどを全国で共有し、提供することができるようになりました。すべての図書館がこれらの仕組みを活用することが大切です。加えて、急速に普及し始めているオーディオブックサービスを活用することも一案でしょう」

株式会社オトバンクが、自社のオーディオブックプラットフォーム「audiobook.jp（オーディオブックドットジェーピー）」のユーザーを対象に「オーディオブックの利用傾向」に関する調査を行いました（※13）。その結果、コロナ禍で3割の人が「オーディオブックの利用が増えた」と回答しています。またオーディオブックを利用する前後で、1週間あたりの読書時間が1・7時間から3時間に増え、約2倍になったという調査結果も報告されています。またオーディオブックによる「聞く読書」は、点字のように特別なスキルを必要としません。また読書バリアフリー法に定められている対象者に限らず、誰でも気軽に利用できます。

求められる多様な選択肢

読書バリアフリー法の趣旨が社会に浸透し、多様な読書スタイルが当たり前となれば、

「聞く読書」や「触る読書」など読書の楽しみ方が広がります。「読者の多様なニーズと読書スタイルに応えていくために、多様な選択肢をいかに用意できるかがカギ」と野口教授は言います。

電子書籍が普及しても紙の本は不要というわけではありません。電子書籍を利用するためのコンピューターやタブレット、スマートフォンなどの操作に抵抗を感じる人、画面に表示された文字が読みづらい人もいます。紙も電子もあり、自分に合ったものを選べることが重要です。

さまざまな読書スタイルを広めることは図書館の役割の一つです。図書館には読書を支援する便利な補助具や機器が置かれています。例えば、リーディングトラッカー（リーディングルーラーとも呼ばれる）という道具があります。これは特定の行に目の焦点を合わせて読むのが難しい人向けの道具で、読む行の両端を隠すタイプや、読む行を1~2行に絞って見せるタイプがあります。また、何色もある中から自分の目に優しい

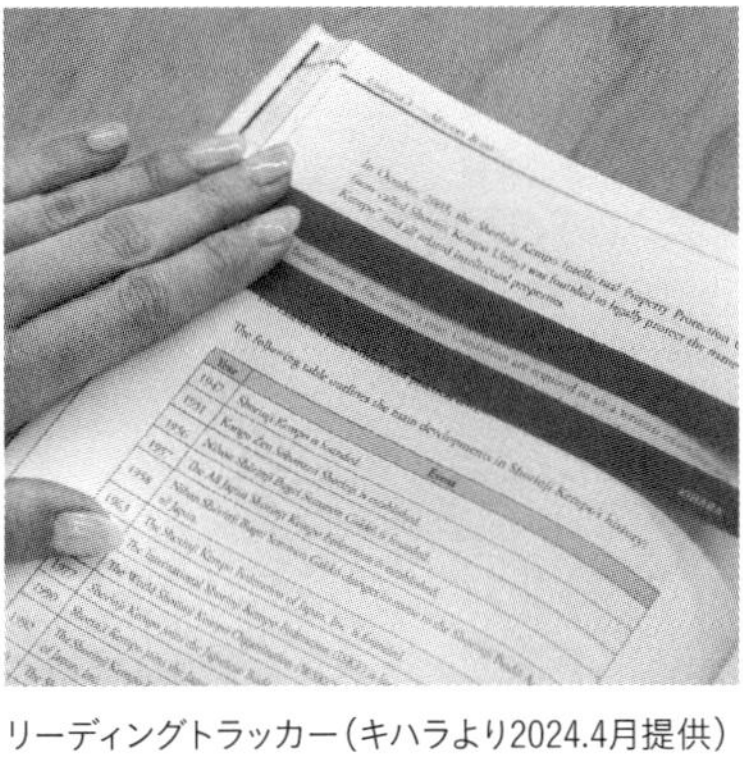
リーディングトラッカー（キハラより2024.4月提供）

色を選ぶこともできます。ルーペ（拡大鏡）や拡大読書器といった、文字を拡大して読める機械（※14）もあります。これらの補助具を図書館だけでなく、すべての公共の場に設置することも重要です。そのための働きかけも図書館の役割の一つです。

人生100年時代において、加齢とともに視覚に課題を抱える人も増えており、野口教授もご自身の視力について不安を抱えているとのことでした。だからこそ、当事者に寄り添い、より良い社会の実現と、読書バリアフリーの普及に向けた取り組みに挑戦し続けています。

5 「本の飢餓」の解消に向けた取り組み

この章の2節で触れた「本の飢餓」について、もう少し解説していきます。

WBUは、視覚障害者の権利を代表する国際NGO（Non-Governmental Organization の略、非政府組織）として、世界各国で活動を展開し、約190カ国の加盟団体と共に、2億

５３００万人ともいわれる視覚障害者の声を届ける使命を果たしています（※15）。

現在、開発途上国では、障害者が利用できる本が非常に限られており、その状況は深刻です。ＷＢＵはこれを「本の飢餓」と名付け、その解決に向けて取り組んでいます。毎年出版される本の中で点字や音声、大活字本などの書籍として提供されるのは、わずか1％以下です。ＷＢＵは啓発活動や国際協力を通じて、障害者にとっての読書アクセシビリティの向上と書籍の利用しやすさの改善に努めています。

その一翼を担うのが、２００４年に設立された教育・福祉支援の国際ＮＧＯ、エファジャパン（以下、エファ）です。エファは、全日本自治団体労働組合が取り組んでいた「アジア子どもの家」事業を引き継ぎ、カンボジア・ラオス・ベトナムの小学校図書室に本を提供したり、現地パートナー団体と協働で障害者教育活動を行っています。

本の飢餓をなくすための取り組みと、マルチメディアＤＡＩＳＹの作り方について、エファの事務局長である関尚士《せきひさし》さんとプログラムマネジャーの鎌倉幸子《かまくらさちこ》さんに伺いました。

「２０２０年に支援する3カ国の事業調査を行った際、持続可能な開発目標から遠く取り残された、障害がある子供たちの存在に気が付きました」と関さんは言います。カンボジアでは小学校の卒業率が82％ですが、障害がある子供の卒業率は23％にとどまっています。また都市部で暮らす障害児と農村部の障害児との間の格差も存在しています。

そこでエファは、本の飢餓をなくすために三つの事業を立ち上げました。まず一つ目の事業として、カンボジアの首都プノンペン市から150キロメートル離れたカンポット州の農村部に暮らす障害児の教育のために、CSC（Children Study Club の略）を3カ所設置し、学びの場を提供しています。

二つ目は、現地（支援する3カ国）の行政や日本の専門家の協力を得ながら、アクセシブルな教材を開発し、タブレットの整備なども進め、障害児自ら情報を得る力を育む取り組みを行っています。三つ目は、障害児に図書館の利用方法や本の読み方、資料の使い方、読書の重要性などを教えると同時に、障害のある子供の教育に悩む保護者に対して学習サポート方法を伝えています。

これらの取り組みは、新型コロナウイルス感染症によるカンボジアの学校の一時閉鎖にも適応しました。CSCで学ぶ子供たちのために、教育省はYouTubeチャンネルを開設し、オンデマンド授業を取り入れたのです。YouTubeに備わっている字幕機能に、カラオケの仕組みを応用して、文字をハイライトしました。この動画教材は子供たちに大変好評でした。

「障害のある子供たちは外出することも困難です。そんな中、デジタル機器の普及が進み、オンライン授業などで自宅にいながら学べるようになりました。特に、オンデマンド授業は自分のペースで学ぶことができます。こうした個別の教育方法が、障害のある子供たちの教育拡大につながることを実感しました」と、関さんは語ります。

声なき声を伝える

「人間に衣食住が重要なことは、疑いようのない事実です。それに加えて生きるために必要な情報は、生活を豊かにする水のようなものだと考えられます。しかし世界には本を読むことができない人々が存在します。特に内戦や紛争を経験した開発途上国では、本が不足している場合もあります」

そう語る鎌倉さんは、障害のある子供たちにとって適した教材が不足している現実に直面したとき、「私たちの事業は、『聞いた声を事業内容に反映させて終わり』ではありません。NGOは人々の『声なき声を伝える仕事』です。適した本が存在しないのであれば、作ればいい」と積極的な発想へ切り替えました。

初めのステップとして、月2回発行している「エファ通信」や年次報告書をマルチメディアDAISYにして発信することにしました（2022年9月15日　232号から）。さらにエファが現地で取り組むラオ語（ラオス）、クメール語（カンボジア）の絵本作りにもマルチメディアDAISYを活用しています。

6　マルチメディアDAISYの作り方

出版社でもアクセシブルな本を作ることは容易ではない中、ある日、アクセシビリティに配慮した資料やレポートを作ってくださいと言われたら、あなたはどうしますか？　そんな状況になったときの具体的なヒントとなるように、ここでマルチメディアDAISYの作り方を紹介します。エファでは、「ChattyInfty3（チャティ・インフティ・スリー）」という製作ソフトウエア（以下、製作ソフト）を使用しています。マルチメディアDAISYの規格については、第4章で説明します。

マルチメディアDAISYの製作過程は次の4つに分けられます。エファが作成している「エファ通信」を例に解説します。

① テキストの作成とテキストデータの製作ソフトへの取り込み

「エファ通信」はもともとメールで送付されるニュースレターのため、テキストデータとなっています。その本文を製作ソフトにコピー&ペーストします。

② ルビの振りと音声読み上げの確認

漢字にルビを振り、音声読み上げが正しいか、ポーズ（間）は適切かなどを確認します。製作ソフトには自動変換でルビを振る機能がありますが、注意が必要です。日本語には特別な言い方をする漢字

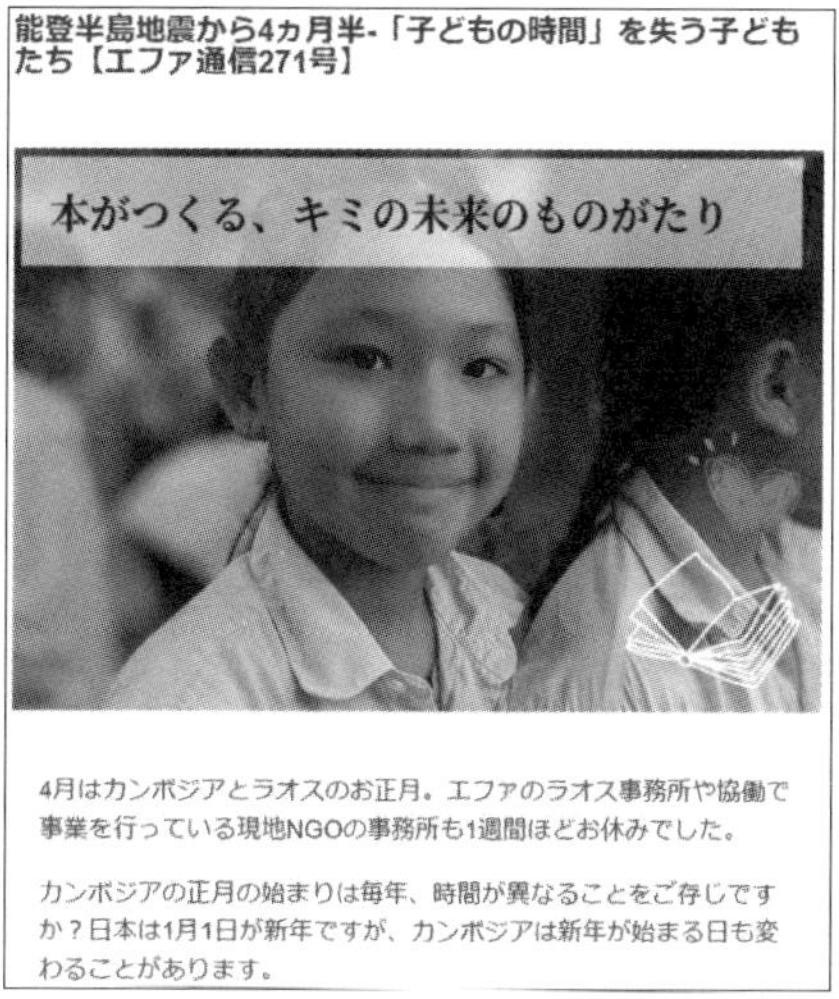

エファジャパン発行「エファ通信」のメールマガジンの画像

が多くあるからです。例えば、日付は「一日」を「ついたち」、「二日」を「ふつか」と言います。しかし、自動変換では「いちにち」「ににち」というルビが振られてしまい、そのように読み上げられます。これを一つずつ修正する必要があります。

③ 写真や図表の挿入とキャプション(説明文)付け

「エファ通信」では海外での様子などの写真を記事に載せますが、マルチメディアDAISYにも写真を載せることができます。

写真データをJPEG形式で保存し、製作ソフトの「画像の挿入」のウインドウを開き、貼り付けたい画像を挿入します。次に「画像設定」のウインドウを開き、画像の配置やサイズを調整します。そして、あらかじめ作成しておいたキャプションを「読上テキスト」欄に入

マルチメディアDAISY作成の画像

力します。その際、キャプションが正確な音声で読み上げられているかを確認し、正確でない場合は修正します。

「エファ通信」には表はありませんが、表を作成する場合は、製作ソフトの「表の挿入」のウインドウを開き、「Excel（エクセル）」で表を作るのと同じように作成し、キャプションも作成します。ただしすべて読み上げると理解が難しくなるため、必要な箇所のみとし、その代わりに凡例を追加します。キャプションの内容を決める際には、その都度、聞き手（読み手）が何を求めているのかによって、決めています。

④セクション（段落）を整え、「ChattyBooks（チャティ・ブックス）」の形にする

ニュースレターのような短い情報では細かくセクションを分ける必要はありません。しかし、話題が変わる場合や見出しがある場合は、セクションを分けます。そうすることで検索しやすくなり、また、不要な章の読み飛ばしができるというメリットがあります。最終的に、DAISY形式で出力し、チャティ・ブックスの形式にして保存し、ウェブサイトにアップロードします。

チャティ・ブックスとは、マルチメディアDAISYのコンテンツを再生するソフトウェアです。

このソフトウェアを利用すると、ウェブブラウザーごとの表示崩れを回避できます。

製作ソフトは、チャティ・インフティ・スリー以外にも「PLEXTALK　Producer（プレクストーク・プロデューサー）」や「Dolphin　Publisher（ドルフィン・パブリッシャー）」などがあります（※16）。

―教材、数式、化学式に対応するなら、チャティ・インフティ・スリー

高品質な音声合成エンジンを使って、音声が含まれたアクセシブルな電子書籍や教材を比較的簡単に作れるソフトウェアです。また、複雑な数式や化学式の編集と読み上げが可能です。

―手軽にマルチメディアDAISYを作るなら、プレクストーク・プロデューサー

音声合成の自動付加機能や自動総ルビ機能などがあるため、比較的簡単にマルチメディアDAISYが製作できます。また、ルビや発音設定による読み情報補正機能も搭載しており、マルチメディアDAISYを利用する人々がより読みやすく、聞きやすくなるような配慮がなされています。

―DAISY図書の再編集なら、ドルフィン・パブリッシャー

ＤＡＩＳＹ図書に音声を入れた後からでも、自由にテキストの編集をすることができるという特徴があります。

どのソフトウェアを利用するかは、製作する本のタイプ（一般書か児童書か）や、リスナーの年齢（低学年では肉声音声が好ましい）などを考慮する必要があります。エファは、公益財団法人日本障害者リハビリテーション協会での研修を受講し、音声合成を得意とするチャティ・インフティ・スリーを採用することにしました。

7　マルチメディアＤＡＩＳＹの課題

マルチメディアＤＡＩＳＹを実際に製作してみると課題があることが分かりました。

エファは、ラオ語とクメール語の絵本をマルチメディアＤＡＩＳＹ化する試みを行いました。近年公開されている合成音声は、格段に人の声に近づいており、絵本の読み聞かせにも活用が可能と思われましたが、どちらの言語にも方言や訛りがあることが分かりました。その結果、最初の試作は、現地の協力者による肉声音声を録音する方法で製作に取り組みました。

ラオ語やクメール語のようなマイナーな言語の読み上げは、対応した読み上げリーダーが限られていたり、対応していても販売価格が高価なため、現地での普及・定着を妨げる可能性があります。また、ソフトの多くは中小の企業、あるいはボランティアベースのエンジニアたちによって提供されているため、海外から十分なサポートを得るのが困難なことが予測されます。これは、海外事業展開しているエファだからこその気付きです。

現在、マルチメディアＤＡＩＳＹは試行錯誤されながら製作しており、音声ＤＡＩＳＹのように標準的な製作基準や手順書がありません。また、全国的な製作体制や販売体制も整っておらず、外国語に翻訳・録音して提供している団体は、エファの他、東京都目黒区の「多言語絵本の会ＲＡＩＮＢＯＷ（レインボー）」しかないのです。

現代では、スマートフォン一つで簡単に動画を投稿できるプラットフォームや、ＡＩ技術を使用して画像の生成や編集もできるようになっていますが、マルチメディアＤＡＩＳＹの製作ソフトは、そのような直感的な操作がしづらいことも分かりました。多言語で製作するには、さまざまなプラットフォームよりも「Ｗｏｒｄ（ワード）」に備わっているイマーシブリーダーのような、共通の仕組みが整備されると簡単にマルチメディアＤＡＩＳＹが製作できます。これらの課題が解決できれば、より多くの障害者へ本が届くことになるのです。

※１　『ハンチバック』市川沙央著　文藝春秋　２０２３年　Ｐ27

※２　読書バリアフリーに関する三団体共同声明
https://www.bungeika.or.jp/pdf/20240409.pdf

※３　内閣府　障害を理由とする差別の解消の推進
https://www8.cao.go.jp/shougai/suishin/sabekai.html

※４　公益財団法人日本障害者リハビリテーション協会
https://www.dinf.ne.jp/doc/japanese/access/copyright/norma1311_nomura.html

※５・※６　『図書館のアクセシビリティ「合理的配慮」の提供へ向けて』野口武悟・植村八潮編著　樹村房　２０１６年　Ｐ27〜28

※７　総務省　障害者基本計画（平成14年12月閣議決定）
https://www.soumu.go.jp/main_content/000546194.pdf

※8　日本語指導が必要な児童生徒の受入状況等に関する調査（令和3年度）
https://www.mext.go.jp/content/20220324-mxt_kyokoku-000021406_01.pdf

※9　第五次「子どもの読書活動の推進に関する基本的な計画」（令和5年3月）
https://www.mext.go.jp/content/20230327mxt-chisui01-100316_01.pdf

※10　令和2年度「子供の読書活動の推進等に関する調査研究」調査報告書（令和3年3月）
https://www.mext.go.jp/content/20210610-mxt_chisui02-000008064_0201.pdf

※11　『電子図書館・電子書籍サービス調査報告2023　誰もが利用できる読書環境をめざして』一般社団法人電子出版制作・流通協議会監修　植村八潮・野口武悟・長谷川智信編著　樹村房　2024年　まえがきii
https://www.jusonbo.co.jp/books/296_index_detail.php

※12　「電子書籍ビジネス調査報告書2023」
https://research.impress.co.jp/report/list/ebook/501759

※13　オーディオブック白書2021【アーカイブ版】～コロナ禍の利用傾向や読書時間の変化など～　オーディオブック配信「ａｕｄｉｏｂｏｏｋ．ｊｐ」公式

https://note.com/audiobook/n/nf663a8b2f521

※14　『読書バリアフリー　見つけよう！　自分にあった読書のカタチ』読書工房編著

国土社　2023年　P14～15

※15　社会福祉法人日本盲人福祉委員会

https://ncwbj.or.jp/wbu.html

※16　公益財団法人日本障害者リハビリテーション協会

https://www.dinf.ne.jp/doc/daisy/software/

第3章 アクセシブルブックを増やすためには？

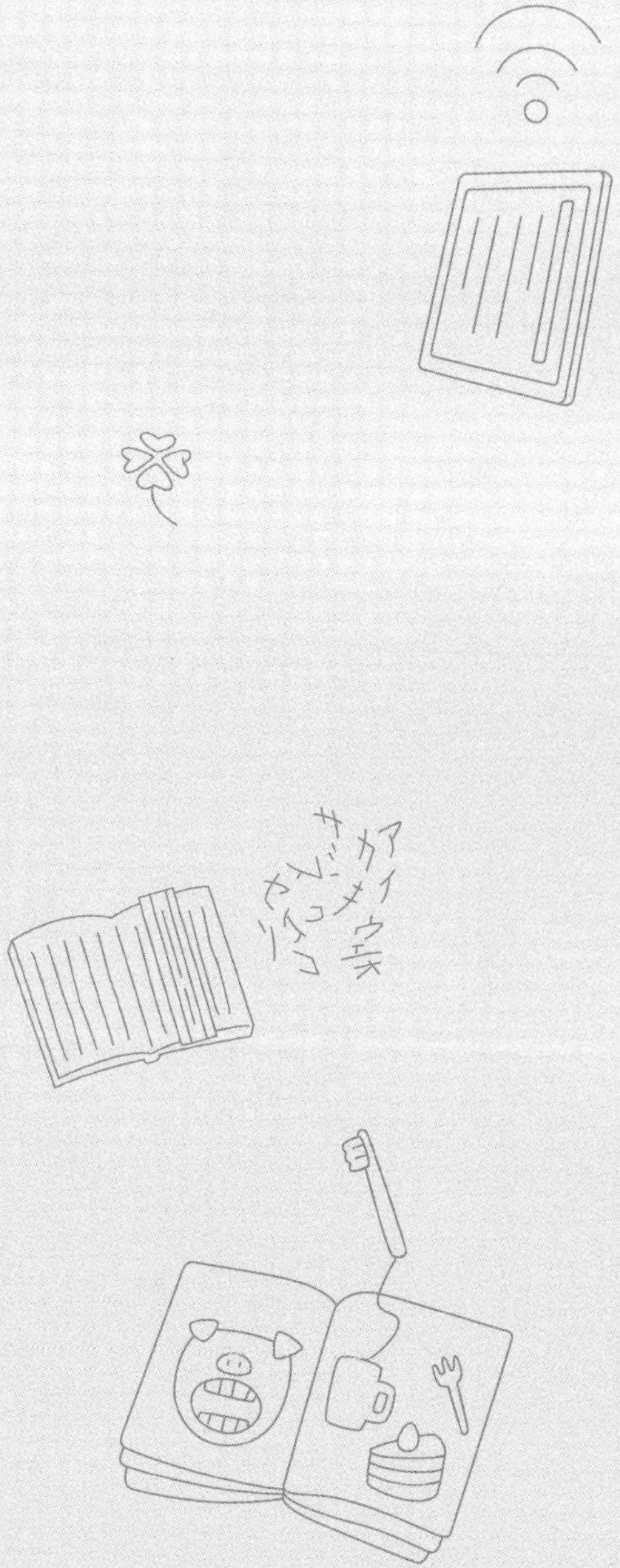

1　アクセシブルブックに向けた出版社の取り組み

２０２３年７月に芥川賞を受賞した市川沙央さんの特別エッセイが、同年８月発売の『文學界９月号』（文藝春秋）に掲載されました。この時、紙の雑誌版とともに、初めて電子版が配信され、以来、電子版の配信を継続しています。老舗月刊文芸誌が、１９３３年の創刊から90年を経て、ついにデジタルの世界に足を踏み入れたのです。

第２章で紹介したように、読書バリアフリー法施行に伴い、アクセシブルブック推進の動きは出版業界へも伝わり、ゆっくりではあるものの、さまざまな取り組みが始まっています。

２０２３年３月、書店、取り次ぎ、出版などの業界団体が作る「日本出版インフラセンター」（以下、ＪＰＯ）は、「読書困難者の読書環境整備」と「出版者（出版社）のアクセシビリティへの取り組み支援」（※１）を目的として、「アクセシブル・ブックス・サポートセンター」（以下、ＡＢＳＣ）を設立。本格的に活動を始めました。

第３章では、アクセシブルブック推進のためのユニークな活動を行っている集英社インターナショナルの事例などを紹介。またＡＢＳＣの機関誌『ＡＢＳＣレポート』の編集長で、出版業界のデジタライゼーションに詳しいO2O Book Biz株式会社代表取締役社長の落合早苗《おちあいさなえ》さんにアクセシブルブックの現状と、今後の進展について話を聞きます。

2　着実に増えている電子書籍

読書環境の現状を確認し、どうやってアクセシブルな書籍を増やしていくのか、実現には、どんな問題点があるのか。読書バリアフリー法の制定で、改めて出版の未来を考えようという動きが国からも出て、2019年には関係者による協議会が発足しました。「視覚障害者等の読書環境の整備の推進に係る関係者協議会」です。

文部科学省、厚生労働省、経済産業省など国の機関、国立国会図書館、点字図書館など図書館関係、障害者団体、大学関係、出版関係と、アクセシブルブックを巡る関係者が一堂に会し、2023年7月までに9回の協議会が開催されています。

ここで重要な議題の一つになっているのが、アクセシブルブックのさらなる普及と、いかに利用しやすい形で、数多くの種類の書籍が提供されるかということです。中でも注目されるのは、近年、急速に普及が進んできた電子書籍です。

日本の出版物の販売額を見ると年々、電子書籍が増加。2023年の電子書籍販売額は5351億円で、4418億円の雑誌（紙）を凌駕し、6194億円の書籍（紙）を追いかけています（※2）。

ただし実際に本を読みたい人からすると、出版物の販売額より気になるのは、出版点数です。自分自身の読書条件に合わせて、紙の本でも買えるし、電子でも買える。アクセシビリティを考えると、それがベストです。

ISBN（International Standard Book Number の略、国際標準図書番号）をベースにした書籍新刊点数の調査（※3）で、2019年の数字を見ると、コミックスは約77％が電子で入手できますが、その他の書籍は約25％しか電子化されていません。国立国会図書館所蔵資料を基にした調査（※4）では、ISBNのある書籍の電子化率は、2018年に出版された書籍で31・2％、2019年で33・2％と、少しずつ上がっています。コミックスの電子化率が急速に高まっているので、上振れしているという見方もありますが、実用ジャンルの書籍の電子化率も高まっているので、業界の姿は徐々に変化しているように見えます。

3　聴覚障害者にとってのマンガとは

電子書籍には「固定レイアウト型」と「リフロー型」があります。「固定レイアウト型」は画面を拡大してもページのレイアウトが崩れないので、マンガや雑誌などに多用されています。ただし文字を拡大するとページそのものも拡大され、スマートフォンやタブレットなどの画面からはみ出してしまい、読みにくいですし、音声読み上げ機能もありません。

第4章でも詳細を紹介していますが、アクセシビリティの度合いを考えると、文字サイズもフォントも好みで調整できて、レイアウトも読みやすく調整できる「リフロー型」が優れています。それならすべてのデジタル書籍が「リフロー型」になれば良いですが、図表の多い書籍は、文章と図表の位置がずれてしまうのを避けるために「固定レイアウト型」が選ばれています。マンガではさらに「リフロー型」選択は難しい。すべてを解決できるまでの技術は、今のところ実現していません。

ただし電子で読めるマンガが「固定レイアウト型」であるがゆえに、アクセシブル度の低い媒体であるとは、簡単には言えません。

聴覚障害者は、耳から言葉を聞くことができないので、「いつのまにか聞いて覚える」ということができません。小学校中学年以上になると、学ぶ単語数も増え、より複雑な抽象概念の理解が必要になってきます。正しい助詞の使い方、表現したい内容にふさわしい単語の選び方、長文の読み書きなど、外国語を習得するかのような学習努力が必要なのです。

そういう人にとって、マンガというのは役に立つ存在です。絵が持つ多様な情報が助けとなって、吹き出しに書かれている文章が理解しやすくなります。外国語のように学ぶ必要のある擬音語や擬態語も、マンガを読むと、この場面には、この音が使われるということが無理なく分かります。

第1章では触れませんでしたが、実は聴覚障害者にとって、紙媒体であるか、電子であるかにかかわらず、マンガも大事なアクセシブルブックだったのです。「固定レイアウト型」ではあっても、手軽に入手できる電子書籍で多様なマンガが読めれば、聴覚障害者の読書体験を広げることになります。また外国にルーツを持ち、日本語の習得が不十分な人にとっても、絵が中心で、漢字にルビが振ってあるマンガは読みやすくアクセシブルです。

近年ではLLブックと同じ考え方で、LLマンガが作れないかという動きも出ています。新しい表現媒体ができれば、新しい読者を開拓できる可能性があります。

4　テキストデータ提供への模索

アクセシブルブックの推進を考える上で、出版界にとって懸案事項があります。それはテキストデータの提供です。

テキストデータというのは、とても有用な存在です。これがあれば電子書籍化されていない本でもTTS（※5）を行うことができますし、点訳ソフトを利用して、点字を打ち出すこともできます。ところが、第1章でも触れましたが、書籍のテキストデータはなかなか手に入れることはできません。仕方なく、本をばらしてOCRでテキストを抽出するという作業が続きます。

そんな中でも、本を購入した人にはテキストデータを提供するという方法を取っている出版社もあります。

福祉、社会、歴史、ジェンダー関係の書籍などを多く出版している現代書館は、奥付部分にテキストデータ請求券をつけています。住所、氏名などの必要事項とともに、請求券を切り取って出版社へ送ると、後日、メールでテキストが送られてきます。ただし、図表などが多い書籍には請求券をつけない場合もあり、まずはできるところから対応するという形です（※6）。

2022年に「Yahoo!ニュース｜本屋大賞ノンフィクション本大賞」を受賞した『目の見えない白鳥さんとアートを見にいく』（集英社インターナショナル）は、ノンフィクション作家の川内有緒《かわうちありお》さんが、全盲の美術鑑賞者で写真家の白鳥建二《しらとりけんじ》さんや友人たちとアートを巡る旅をしながら、それまで見えていなかったさまざまなことを発見し、思索を深めていく魅力的な作品です。

厚さ2・5センチほどの立派な紙の本の最終ページを見ると、奥付の下に「本書のテキストデータを提供いたします」との説明文とともに、二次元コードが印刷されています。これをスマートフォンで読み取ると、テキストデータ応募フォームに飛び、すぐに全文テキストがダウンロードできます。

版元の集英社インターナショナルにとっても、テキスト提供は初めての経験だったと、同社取締役の岩瀬朗《いわせあきら》さんは言います。

「あくまで本を購入した人への提供という前提があるものの、このようにシンプルな方法だと悪用されるのではないかという恐れもあり、最初はパスワードを設定しようというアイデアもありましたが、それでは逆にハードルが上がってしまう。最終的に、本をより多くの人に届けたいという思いとリスクとの天秤で実施を決めました」

もちろん事前に著者の承諾を取りますが、川内さんも大いに歓迎してくれました。本の最終的なデータは印刷会社が持っている場合が多く、本書は大日本印刷が保管。テキストデータ提供のシステムは、同社が以前から持っていたアンケート募集のシステムを活用したので、スムーズに作成できたといいます。2021年9月から2023年11月までの集計で約300件のダウンロードがあり、特に問題になるようなトラブルは発生していません。

また、今回の試みはテキストデータ提供だけにとどまらず、「音」という新たな領域にまで伸びています。

親会社である集英社も電子書籍の発売を増やすなど、アクセシブルブックに興味は持っていたものの、オーディオブックの数は圧倒的に少ない状況です。2026年に創業100周年を迎えるにあたり、「OTOコンテンツプロジェクト」を立ち上げ、最初の取り組みの一つとして、『目の見えない白鳥さんとアートを見にいく』を出版社側で音源権を保有する形でオーディオブック化しました。同書は2023年12月にリリースされています。

著作権等を他社に貸し出すのではなく、出版社が自らオーディオブック化の権利まで持ち、紙、電子、オーディオブックという三つの媒体で一つの作品を展開していく。この形は今後の出版ビジネスの進む一つの方向になっていくのでしょう。

5　業界団体からのアプローチ

アクセシブルブックの多様な姿を見せるという意味では、ＡＢＳＣが発行している機関誌『ＡＢＳＣレポート』も分かりやすい事例です。

アクセシブルブックをめぐるさまざまな事例や人物を紹介する同誌は、２０２２年７月の創刊号から現在まで３号がリリースされています。すべてＡＢＳＣのホームページからダウンロードできるのですが（※７）、その形式がユニークなのです。電子書籍版として「ＥＰＵＢリフローブラウザ版」など３種類、マルチメディアＤＡＩＳＹ版も「国立国会図書館視覚障害者等用データ送信サービス」など３種類、点字データ版は２種類、この他、紙版も入手でき、読者の好みにフィットしたバージョンを選べます。アクセシブルブックにはさまざまなスタイルがあるということを、具体的に実例を出して紹介しているのです。

『ＡＢＳＣレポート』編集長の落合さんは、アクセシブルブックというのは、常に変化し続ける存在であると言います。

「出版というのは100％、間違いのないものをお届けするという思想が強いので、アクセシブル対応をしようとすると、ルビの扱いやフォントはどうするかなど、一気に完璧を目指そうとしがちです。一方、取材などを通して障害者の方々と話をすると、不完全でもＴＴＳ対応ができただけで素晴らしいと評価してくださる。結果的に当事者へ伝えることができれば、そこに至る道はどんな形でもいいのかなという気がします。まずは一歩進もうということを、出版業界に対してフィードバックできればと思います」

ＡＢＳＣのもう一つの仕事として、「Ｂｏｏｋｓ（ブックス）」（※8）との連携があります。このサイトは日本の商用出版物の総合カタログで、日々、どんな本が出版されたのかが分かり、電子書籍、オーディオブック、オンデマンドなどのジャンル検索が可能です。また電子書籍がＴＴＳに対応しているのかどうか、点字データ、各種ＤＡＩＳＹデータが存在しているかどうかの記載も行われるようになり、幅広い選択肢を求める読者の期待に応えています。

6　未来のアクセシブルブック

ここまで、出版社の取り組みとしてのアクセシブルブックを紹介してきました。紙、電子書籍、オーディオブック、大活字本などさまざまな種類がありますが、読者の入手方法としては、基本的には紙の本と同じで、「借りる」か「買う」の二通りです。

「借りる」については国立国会図書館、点字図書館、サピエ図書館、一部の公立図書館などで、さまざまな活動が行われています（第5章参照）。そして、もう一つの重要なファクターが「買う」です。これまで福祉の文脈ではアクセシブルブックを障害者本人が「買う」ということは限定的でした。ボランティアが作成したものを無料で利用することはできても、読みたい本を買うという自由が、十分には保障されていなかったのが現実です。

しかし近年、少部数印刷の発達で、大活字本は比較的購入しやすくなりました。またオーディオブックの普及も加速しています。日本のオーディオブックストアの老舗である「audiobook.jp（オーディオブックドットジェーピー）」が扱う作品数は約1万5000本で、選択の自由が相当広がりました。会員数は2024年3月に300万人を突破。オーディオブックは誰もが楽しめる新ジャンルの本と認識を改めた方がよさそうです。

今後、技術が進歩すれば、アクセシブルブックをめぐる状況がさらに面白くなってくる可能性が高いです。

マンガ『重版出来！』20巻（松田奈緒子、小学館）では、デジタル化が進んだ未来のマンガの姿を描いています。吹き出しをタッチしたら音声での読み上げが始まったり、文字サイズや文字色、背景色などを好みのものに変える。また読んでいる文字がハイライトされるなど、現在では不可能でも、近い将来、実現できそうな技術です。さまざまな障害で区切られている読書の壁が、少しずつ崩れて、より自分に適した読書体験を楽しめる日がすぐそこに来ています。

※1 「アクセシブル・ブックス・サポートセンター（ＡＢＳＣ）とは」 https://absc.jp/organization/
※2 『季刊 出版指標』２０２４年冬号 https://shuppankagaku.com/wp/wp-content/uploads/2024/01/%E3%83%8B%E3%%8

3%A5%E3%83%BC%E3%82%B9%E3%83%AA%E3%83%AA%E3%83%BC%E3%82%B92401.pdf

※3　「デジタル出版ビジネスの課題――デジタル出版論　第3章　第9節」https://hon.jp/news/1.0/0/36764

※4　「日本における電子書籍化の現状(2020年版)――国立国会図書館所蔵資料の電子化率調査――」https://www.shuppan.jp/wp-content/uploads/2020/09/02takano.pdf

※5　Text To Speech の略、合成音声による読み上げのこと。詳しくは第4章で説明しています。

※6　『ABSC準備会レポート 創刊号』(2022年7月号)　https://absc.jp/archives/

※7　「ABSCレポートを入手したい方へ」https://absc.jp/archives/

※8　「本の総合カタログBooks出版書誌データベース」https://www.books.or.jp/

第4章 デジタルなアクセシブルブックの規格と技術

スマートフォンや専用の読書端末を使って本を読むことは、特別なことではなくなりました。マンガを電子書籍で読むのは当たり前、話題の文芸作品が紙と電子書籍で同時に発売されることも増えました。

印刷された紙の本を読むのが難しい人も、音声読み上げなど、各種アクセシビリティ機能を備えた電子書籍を活用し、自分に合った方法で本を読むことができます。

デジタルなアクセシブルブックの普及を促進するには、これまで見てきたような法律の整備や出版社の取り組みと合わせて、技術面からの理解も欠かせません。そこで第4章では、少し専門的な内容になりますが、マルチメディアDAISYやEPUB（イーパブ、Electronic PUBlication、オープンフォーマットの電子書籍の規格）を作るための技術や規格について説明したいと思います。

一般の販売サイトで流通している電子書籍はEPUBです。EPUBには「リフロー型」と「固定レイアウト型」の二つのタイプがあります。デジタルなアクセシブルブックは主にリフロー型を指します。

テキストが含まれているリフロー型であれば、文字のサイズやフォントを自分に合ったものに変えたり、読み上げ機能を使って聞くこともできるからです。

一方で固定レイアウト型は、アクセシビリティの面で課題を抱えがちです。日本の電子書籍の流通で大半を占めているマンガの他、複雑なレイアウトや図版の多い本、教科書、雑誌なども固定レイアウト型として作られていることが多いのが実情です。ページのレイアウトが印刷された本と変わらない良さはあります。しかし、多くの場合、文章を含めてページ全体が画像データなので、拡大できてもページが画面からはみ出してしまい、自動的に再レイアウトされません。テキストデータが含まれていないことが多く、その場合、音声合成で読み上げることもできません。

重要なのはテキストデータを含むリフロー型の電子書籍の普及です。視覚に障害のある人やディスレクシアの人、四肢の障害でページがめくれない人、高齢で小さな文字が読みにくくなった人など、印刷された本を読むことが難しい人たちにも、自分に合った方法で本を読める可能性が大きく広がるからです。

第4章の前半では国際団体であるDAISYコンソーシアム元会長で現在も理事を務める河村宏《かわむらひろし》さんに、DAISYやEPUB規格の背景や今後の課題について尋ねました。後半では、日本の電子出版のパイオニアである株式会社ボイジャー代表取締役社長の鎌田純子《かまたじゅんこ》さん、取締役・B・inB開発部部長の北原昌和《きたはらまさかず》さん、企画部開発チームの小池利明《こいけとしあき》さんに、ボイジャーがEPUBの普及のために制作や開発の現場で取り組んでいるプロジェクトについて伺います。

1 DAISYとEPUB

視覚障害やディスレクシアなどにより、印刷された本を読むことが難しい人のために、支援者団体などでは、国際標準規格であるDAISYで、デジタルなアクセシブルブックを製作しています。

DAISYは、一般の読者や出版社の間ではなじみの薄い規格です。しかし、読書に関心がある視覚障害者やその支援者には、「DAISY図書」としてよく知られています。DAISY図書には音声DAISY、テキストDAISY、マルチメディアDAISYの3種類があります(※1)。

音声DAISYは、目次や見出しなどのナビゲーションと音声が利用でき、視覚障害者の多くが使用しています。第1章で釜本美佐子さんの聞く読書として登場したのも音声DAISYです。テキストDAISYは、ナビゲーションと本文のテキストデータ、画像などを含んだＤＡＩＳＹ図書です。音声データは入っていません。マルチメディアＤＡＩＳＹは、ナビゲーションと、音声とテキストの両方が利用でき、それらを同期して再生できます。画像を入れることも可能です。第2章ではマルチメディアＤＡＩＳＹで障害児向けの教材作成や活動資料の公開を行っている国際ＮＧＯエファジャパンを取り上げています。

夏目漱石や宮沢賢治といった著作権の保護期間がすでに終了している作家の作品であれば誰でもＤＡＩＳＹ図書にすることができ、自由に公開できます。その一方で、書店で販売されている作品のほとんどは、著作権法上、制約があります。ＤＡＩＳＹ図書を利用できる人は、著作権法第三七条第三項が定める権利制限に基づいて「視覚障害その他の障害により視覚による表現の認識が困難な者」に限られています（※2）。ＤＡＩＳＹ図書を製作できる施設等も、著作権法施行令第二条で定められています。適切な体制を有すれば、文化庁長官の指定を受けないボランティア団体もＤＡＩＳＹ図書を製作し、公開できます（※3）。

テキストＤＡＩＳＹは、一般向けに販売されている電子書籍に一番近いＤＡＩＳＹ図書です。点字図書や録音図書、音訳図書よりも製作期間が短いため、支援団体などが話題の新作や社会生活に必要な資料をいち早く読みたいという障害のある人のニーズに応える際に適しています。さまざまな環境で利用できるように、多くの場合ＤＲＭ（Digital Rights

Manangement の略、デジタル著作権管理）がかけられていません（※4）。

パソコンやタブレット端末の再生アプリケーションでは、文字サイズや配色を読みやすく調整したり、読み上げているフレーズをハイライトさせることもできます。DAISY再生機でも、テキスト読み上げ機能を活用して聞く読書に用いられています。漢字などを読み誤ることがありますが、徐々に性能が上がっています。

視覚に障害のある人は画面が見えません。そこで多くの視覚障害者がパソコンに「スクリーンリーダー」をインストールしたり、スマートフォンのスクリーンリーダー機能を有効にしています。スクリーンリーダーを使うと、アプリケーションの名前の読み上げや、選択、起動といった操作が、音声とキーボードや画面のタップで可能になります。DRMのないDAISY図書は、読み上げたり、点字ディスプレーに出力できます。DAISY図書は視覚障害者にとっては重要な情報源なのです。

電子書籍の国際規格として策定されたEPUB

出版社が発行し、一般向けに市販されている電子書籍は、IDPF（International Digital

Publishing Forum の略、国際電子出版フォーラム）が策定したEPUB規格が主流となっています。EPUBは当初、日本語の書籍を作成するために必要な組版に対応していなかったため、国内では支持されませんでした。しかし、2011年にEPUB 3がリリースされて、縦組みやルビ、さらにページめくり方向といった日本語組版で必要な機能がサポートされたことにより、国内でも広く使用されるようになりました。

EPUB 3はオープンなフォーマットで、特定の私企業に制限されず、誰でもリーダーアプリケーションを開発できます。スマートフォン用のアプリケーション開発も自由に行えます。オープンなフォーマットであることを利用して、アマゾンやアップルなどが販売サイトを開設したことも、EPUBの市場拡大の追い風となりました。

EPUBの管理団体だったIDPFは後にウェブ技術の標準化推進団体W3C（World Wide Web Consortium の略）に統合されました。そして、W3Cの下、EPUB 3規格を構成する柱の一つとして、アクセシブルなEPUBの仕様が策定されます（※5）。テキストと音声を同期する機能など、EPUB 3で技術的に可能になったアクセシビリティ機能がその中に盛り込まれました。

EPUBのアクセシビリティ機能は2021年にISO規格（※6）になり、2022年にJIS規格（※7）「EPUBアクセシビリティ」（JIS X 23761）が制定されています。

2 EPUBの策定に深く関わったDAISYコンソーシアム

ＥＰＵＢのアクセシビリティ機能の拡充を踏まえて、「障害がある人の情報アクセスを保障する時代から、障害者を含むすべての人を読者にする時代への転換点になった」とＤＡＩＳＹコンソーシアムの河村理事は言います（※8）。

歴史を振り返ると、国際標準規格であるＤＡＩＳＹは、１９８８年にスウェーデン国立録音点字図書館で、アナログ媒体だった録音図書システムの改善を目指すプロジェクトとしてスタートしました（※9）。１９９４年にはデジタル録音を活用し、利用者が読みたいところを簡単に探せるように、ドキュメントを構造化するアイデアを実装した最初のプロトタイプが完成。１９９６年になって国際団体であるＤＡＩＳＹコンソーシアムが、日本を含む6カ国によって設立されました。

当時、文献資料などの取り寄せはとても手間のかかる仕事でした。視覚障害のある学生が必要とする資料を収めた録音カセットテープを海外から取り寄せるために、大学図書館が国際郵便の手配をしていたのです。また、どの図書館にどんな資料があるのかをカタログにして共有するにも苦労が絶えませんでした。

その後、米国の出版業界で、電子出版の標準化を推進する団体を設立しようという動きが出てきました。IDPFの前身であるOeBF（Open eBook Forum の略）です。国際標準規格を作ろうとしていたDAISYコンソーシアムのメンバーは、OeBFに参加していきました。

2000年12月には米国のDAISYコンソーシアムの事務局長で、視覚に障害があるジョージ・カーシャー（George Kerscher）がIDPFの会長に選出されます（※10）。その際、EPUBそのものをアクセシブルにする方向性がはっきりと打ち出されました。

「全盲に近いカーシャーがけん引したことで、EPUBにはアクセシビリティの〝種〟が最初から埋められていました。DAISYとEPUBが統合して生まれたアクセシブルなEPUBは、その種が芽生え、育まれてきた結

Zoom会議で取材に応じる河村宏理事

果、美しく咲いた花のようなものなのです」

このように詩的な表現で話される河村理事ですが、その花を咲かせるまでには、関係各所との調整をはじめ、多く苦労がありました。

3　ナビゲーションとTTS

「ＤＡＩＳＹのＥＰＵＢへの貢献は、人材面での交流にとどまりません。ＥＰＵＢの開発に関して、ＤＡＩＳＹは技術面でも重要な役割を担ってきました」と河村理事は言います。

少し時代を遡ります。

例えば、電子書籍の使い勝手の良さを左右するナビゲーションに、ＥＰＵＢではＤＡＩＳＹで開発されたＮＣＸ（Navigation Control file for XML applications の略、ＸＭＬアプリケーション用ナビゲーションコントロールファイル）が採用され、世界中で多くの人たちに役立ちました(ＥＰＵＢ 3ではＮＣＸに代わりNavigation Documents(ナビゲーション文書)が使われています)。

録音図書がカセットテープだった時代には、目の見えない人が、複数の参考文献に言及しながら論文を執筆するのは、とても大変な作業でした。

「そういった時代が長く続いてきたため、目が見える人と同じように本の内容にアクセスできることを、目が見えない人たちは強く求めていました」（河村理事）

デジタル化によって実現した、ＤＡＩＳＹのナビゲーションシステムや、一般の人たちも日常的に使う文字列の検索は、当事者たちが長年待ち望んでいた夢の一つだったのです。

ＤＡＩＳＹからＥＰＵＢへとつながる電子書籍のナビゲーション開発の歴史は、第２章で紹介したバリアフリーからユニバーサルデザインへの変化を先取りした理想的な事例だと、河村理事は考えています。

「本をみんなと同じように読みたいという、目の見えない人たちの夢は、開発の出発点となるニーズです。そのニーズを技術者はしっかりと消化して言語化し、実用可能な技術の中から解答を見つけていきます。目の前の問題を解決する技術はいくつもあるかもしれません。しかし、優れた技術者というのは、目の前の一つの問題を局所的に解決するだけなく、より広い範囲を見渡して、いくつもの課題を同時に解決できる解答を見つけるものです。社会に広く受け入れられて成功する技術とはそうしたものです」

目が見えない人が使うDAISYのために開発されたNCXが、誰もが使うEPUBで広く利用されていたことは、ユニバーサルデザインを理解する上で良い事例となっているのです。

目的に応じてTTSの読み間違いを許容する

デジタルなアクセシブルブックで用いられる代表的な技術にTTS（Text To Speech の略、音声合成技術）があります。生成AIの登場で、画像やテキストと共に、人間の声を生成したり変換する技術にも注目が集まっていますが（※11）、TTSでは漢字などを完璧に読み上げることは、まだできません。

しかし、多くの一般的な読書では、一部に読み間違いがあっても、文脈から意味を理解したり、物語の流れを楽しんだりできます。一般の読者も見えているからといって、全部のテキストが正しい発音で読めているわけではありません。そう考えるとTTSの音声読み上げでカバーできる、聞く読書の範囲はとても広がるはずです。

「教科書などで子供が繰り返し読む本の場合には、誤った読み方を覚えるのを防ぐため、音声の校正が必要です。TTSの読み上げが間違っていないか確認し、誤りを正しい読み方に修

正すると費用がかかりますが、教育目的であることを考えれば必要な作業です」（河村理事）

なお、出版社がTTSで読み上げできる電子書籍を発行するには、著者の許諾が必要になると考えられています。音声合成で読み上げを適切に行うために、元になるテキストデータに何らかの加工を行うなど、専用データの作成が必要になることがあります。これが著作権法上の翻案及び、著作者人格権の同一性保持権の侵害に当たる可能性があるためです（※12）。

4　DAISYやEPUBの社会的なメリットは大きい

改正障害者差別解消法が2024年4月1日に施行され、民間事業者の合理的配慮の提供が、国や地方公共団体などと同じように義務化されました。出版社にとっては、これがデジタルなアクセシブルブックの出版を検討する契機になっています。しかし、この法律には米国のような罰則規定は盛り込まれませんでした（※13）。強制力が弱いので、出版社によって対応はさまざまです。

「しかし、今の時代、企業に求められるコンプライアンスは、単に法令に違反しなければそれでよいというものではありません」と河村理事は言います。

「コンプライアンスとは、企業倫理や社会規範、それに多く関係者の要望や期待に応えていくことが求められる、広い概念です。社会をより良いものにするために、どう行動するかが問われているわけで、それは出版社も変わらないはずです」

老眼で小さな活字が読みづらくなった高齢者でも、リフロー型の電子書籍で自分にあった文字のサイズにすることで、無理なく読書を楽しめるようになります。

ディスレクシアで読書嫌いだった人が、マルチメディアDAISYをきっかけに、本好きになったという事例を、河村理事はいくつも知っています。

「DAISYやEPUBでアクセシブルブックを製作することで、読書離れを防ぎ、新規の読者層を開拓できる可能性もあるのですから、当事者や支援団体はもちろん、出版社や著者にとってもうれしいことのはずです。障害のある人たちの要望を受け入れたら出版社は負担だけが増えて一方的に損をするわけではありません」と河村理事は強調します。EPUB推進事業者や出版社だけでなく、本の生態系（エコシステム）に関わる人たちすべてにとってプラスになる取り組みであることを継続して伝えていく必要があります。

5　デジタル出版の現場からの取り組み

デジタルなアクセシブルブックとして、ＥＰＵＢを積極的に推進している企業がボイジャーです。

ボイジャーは電子書籍が普及していなかった１９９０年代初頭、電子出版の普及を掲げ、事業を開始。現在では、デジタル出版ツールや電子書籍リーダーの開発から、電子書籍の企画や制作、販売サイトの運営まで行っています。また、世界のデジタル出版の中で、日本語表示の仕様の策定にも関わってきました。

「青空 in Browsers（青空インブラウザー）」（※14）は、ボイジャーが提供する電子書籍リーダー「ＢｉｎＢ（ビーインビー）」のショーケースとして同社が運営するサイトです。著作権が消滅した作品や著者が許諾した作品を公開している、インターネットの電子図書館「青空文庫」（※15）の作品を、アプリケーションを使わずに、ブラウザーで読むことができます。

日本語の本らしく縦書き表示できる他、文字サイズ変更やＴＴＳを使った音声読み上げ機能を備えるなど、アクセシビリティにも対応しています。スクリーンリーダーを利用した環境でも操作が可能で、視覚障害者が実際に使用するシーンを考慮した設計・開発が行われていることが分かります。

まわりから教えられて気付いた電子書籍の可能性

ＥＰＵＢの普及を目指すボイジャーの代表的なプロジェクトが、青空文庫に関わるものであることには、少なからぬ因縁があります。

「電子書籍が視覚に障害がある人にとって福音となることをボイジャーに教えてくれた人がいました。青空文庫の呼びかけ人の一人、富田倫生《とみたみちお》さんです」（鎌田社長）

青空文庫は「誰でもアクセスできる自由な電子本を、図書館のようにインターネット上に集めようとする活動」です（※16）。富田さんを中心とした呼びかけ人に賛同した人たちが、著作権が消滅した作品を中心にボランティアで電子化に取り組みました。１９９７年に活動を始め、２０２４年5月現在、1万7千を超える作品が、誰もが利用できる形で公開されています。

作品をデジタル化して公開する地道な作業を繰り返していく中で、目が見えない人にとって「紙に印刷された本はつるつるの紙の束に過ぎない。デジタルこそが本だ」と、電子出版がまだ世の中で認められていなかった時代に教えられて、富田さんは衝撃を受けたそうです。

スクリーンリーダーや点字ディスプレーを使う視覚障害者の人たちにとって、デジタルだからこそテキストを音声や点字に変換して読書ができます。

「世界を広げてくれる福音のような電子書籍の可能性を、もっと多くの人に知ってもらいたいという富田さんの考えに、当時のボイジャーのスタッフも感化されました」と鎌田社長は言います。

6 実践可能なガイドラインの必要性

TTSで聞く読書をするときに、電子書籍の中の挿絵やイラスト、フローチャートなどが読み上げてもらえないことがあります。説明用のテキストがない画像を、TTSは読み上げません。画像に含まれる情報をどこまでテキストで説明するかは、経験豊富な音訳ボランティアにとっても困難な作業です。実際に決まった正解があるわけではなく、録音図書を作るときも試行錯誤しながら、必要なテキストを準備しています。

画像を読み上げるために設定するテキストは「代替テキスト」と呼ばれています。ボイジャーの電子書籍の制作ツール「Romancer（ロマンサー）」では、代替テキストの設定や、見出しの情報から適切に構造化されたナビゲーションを設定することが簡単に行えます。これらが確実に実施できるように、「アクセシビリティを高めるための制作ガイドライン」を公開しています（※17）。

「日本語で電子書籍を作成するときには、漢字の扱いに考慮が必要です。パソコンで表示できない漢字（「外字」と呼ばれるもの）を使うべきかどうか、よく考えてほしい」とロマンサーを開発する小池氏は言います。

どうしても必要な場合はその漢字を画像で作成し、文中に挿入することになります。その場合、読み上げ用に代替テキストを設定する必要があります。また、画像の背景を透過（透明）で作成すると、読書リーダーの背景色を黒に変更したときに、黒地に黒い画像の外字が読めなくなってしまいます。そういった問題を避けるため、背景色を指定することも大切です。

ロマンサーの代替テキスト設定画面

最初から完璧なアクセシビリティ対応のEPUBで電子書籍を作ろうとすると、必要な作業は膨らんでしまいます。「こんなに大変ならアクセシビリティ対応はやめてしまおう」となっても不思議ではありません。それでは「読書バリアフリー法」の施行でようやくともったアクセシビリティ対応の灯も、吹き消されてしまうかもしれません。まずはできるところからスタートすること。そのための実用的な制作ガイドラインが必要なのです。

7　電子書籍図書館サービスへの期待

各地の公共図書館が提供する電子書籍図書館サービスは、デジタルなアクセシブルブックの今後の在り方を見通す上で、重要な役割を果たす可能性があります。

ボイジャーの読書リーダー、ビーインビーが採用されている「LibrariE & TRC-DL（ライブラリエ&TRCデジタルライブラリー）」は、TRC（株式会社図書館流通センター）が提供するクラウド型電子図書館サービスです。動画や音声が充実しているTRCデジタルライブラリーのコンテンツに加え、小説やノンフィクションなどが豊富なライブラリエのコンテンツが利用できます。これまでに、全国自治体1783のうち、16の政令指定都市を含む368の自治体で導入され（2023年11月現在）（※18）、人口比率では日本総人口の54％をカバーすると発表されています（2023年12月現在）（※19）。

「すべての人に使いやすい電子書籍へ」を謳い、リフロー型電子書籍では、文字の大きさの変更、文字色の反転が行えます。権利者の許諾を受けたものは、読み上げ機能で聞く読書をすることもできます（※20）。

読書リーダーを提供するボイジャーは、主要な機能の一つである読み上げ機能を、サーバー側でテキストから生成した音声データをダウンロードして再生するという方法で実現しています。「サーバーで音声合成の処理を行う実装は、高品質の合成音声が利用できるメリットがある一方、活用シーンを広げていこうとすると、サーバーとのデータのやりとりや、読み上げソフトのライセンス料などのコスト面が課題となります。それらの課題を解決するため、後にサーバーを介さずウェブブラウザーで音声合成をするための機能を実装しました。読み上げで使用される声の質や読み上げ方は、使用するウェブブラウザーによって変わってしまうという課題はあります。しかし、コストを気にせずに音声読み上げが実現できるメリットは小

さくありません」(ビーインビーの開発を主導する北原取締役)

視覚障害者が実際に使用するシーンを考慮し、スクリーンリーダーを利用した環境でもビーインビーのリーダーを操作することができるようにする開発が行われています(2024年5月時点)。ボイジャーでは、こうした電子書籍リーダーのアクセシビリティ機能を向上させる開発に、継続して取り組んでいます(※21)。

ライブラリエ&TRCデジタルライブラリーで特筆すべきは、こうしたアクセシビリティの機能を、著作権法第37条第3項が定める権利制限に依らず、電子図書館サービスの利用者であれば誰でも利用できる、ユニバーサルデザインを志向している点にあります。

公共図書館が提供する電子図書館サービスでは、アクセシビリティ対応がしっかりと行われているところも多いです。ライブラリエ&TRCデジタルライブラリーでは、JIS規格が定めるウェブアクセシビリティの規格(JISX-8341-3:2016の適合レベルAA)に準拠したサイトになっています。ライブラリエ&TRCデジタルライブラリーでは、一般向けのページと、テキストのみで構成されたテキスト版サイトが別々に用意されています。テキスト版サイトでは、視覚に障害のある人がスクリーンリーダーでスムーズに利用できるように提供されていますが、障害の有無に関わらず誰もが利用できます。

電子図書館サービスでは電子書籍をキーワード検索や新刊紹介などで見つけて貸し出し

を行います。貸し出しを購入に見立てれば、電子書籍販売サイトと同じような機能を持っているると言えるでしょう。

このような電子図書館サービスに触れる人が増えることで、一般の電子書籍販売サイトなどでも、ユニバーサルデザインを取り入れていこうという機運の醸成につながるのではないかと期待しています。

8 読者に届けるために販売サイトでできること

電子書籍の販売サイトに限らず、アクセシビリティガイドラインに照らすと世界中のウェブサイトで問題が山積みです。色や文字の大きさだけでなく、画像部分を説明する代替テキストが設定されていなかったり、サイト全体がきちんとした構造を持っていないものも少なくありません。

鎌田社長はボイジャーが展開している「理想書店」（※22）でも同じ状況だと言います。しかし、全面的に作り替えるのではなく、現実的なやり方を取ろうと考えています。その理由を尋ねました。

「アクセシビリティガイドラインに沿ったサイトを作ろうとすると、すでに公開している書店のユーザーインターフェース（ＵＩ）を再構成することになります。構造的に見出しを付け直すとか、ウェブデザイナーが意識していない見えない部分まで作りなおすことが必要です。作業のコストが大き過ぎて、ボイジャーでは簡単には手を出せません。できる範囲で少しずつ改善していきたいと思っています。頭では、キーボードとスクリーンリーダーによる合成音声を使って、キーワード検索や新刊紹介を読み、サイトから買いたい本を見つけて、手続きできるようにすればいいということは分かっています。しかし、サイトの構造をそのように作り変えるのはかなり難しいことです。やってみると誰でもその難しさに直面すると思います。サイトに関わるスタッフ全員がアクセシビリティに関して同じレベルで理解できていないとうまくいきません。チームワークが重要なのです」

理想書店で電子書籍リーダーとして利用しているビーインビーはすでに聞く読書ができます。さらにスクリーンリーダー対応もはじまっています。それにも関わらず、サイトを作り直さないのは配慮が足りていないのではないでしょうか。

「当事者の方たちにヒアリングしたとき、『サイトの作りは問題ではありません。そのサイトに手にいれたい情報があるのであれば、自分たちはそこに行きます。もちろん、使いやすさへの配慮はしてほしいです。けれども必要最低限のことができていればそれで十分です。特別な対応を要望しても、実際には実現してもらえないことも理解しています。当事者として、電子書籍の販売サイトにお願いしたいことは、一般の人と同じ値段、同じタイミングで電子書籍を手に入れて、自由に読みたい……。これだけです』と言われました。自分たちができることをやって、良い読書環境を作っていければいいなと思っています」（鎌田社長）

9　デジタルなアクセシブルブックの可能性

長らくＤＡＩＳＹで製作されてきたアクセシブルブックが、ＥＰＵＢの規格でも作成できるようになりました。その規格や技術の成り立ちにあたって、多くの関係者の想いと行動があったことを知っていただけたらうれしいです。同時に、ＥＰＵＢが普及すればそれでよいわけではありません。

「はじめに」で述べたように、この本では本を生態系（エコシステム）の中で捉えたいと考えています。この章で扱った技術や規格は生態系（エコシステム）に大きな影響を与えるものです。それが私たちの幸せにつながるかどうかは、適切な制度設計や関係者が形作る豊かなコミュニティに深く関わることを、あらためて強調しておきたいと思います。

2023年は、芥川賞作家の市川沙央さんが読書バリアフリーの促進を訴えて注目を集めましたが、情報技術の分野ではチャットGPTをはじめとしたテキスト生成AIが急速に広がり、大きな話題となった一年でした。

本書の完成直前にリリースされたチャットGPTの最新バージョンは、写真やイラストなどの画像データに何が描かれているかを、テキストはもちろん、人間と同様の応答スピードの合成音声で説明することができます。利用するのに料金はかかりません（※23）。

オンラインではなく、ローカルな環境で動作するLLM（Large Language Model の略、大規模言語モデル）の性能も上がっているので、サーバーと通信しないで、テキストや音声や画像といった異なる種類のデータを一度に処理できる、マルチモーダルなテキスト生成AIも一般化するかもしれません（※24）。

そうした技術を活用した支援技術を用いて、印刷された本に書かれた内容を、対面読書サービスを利用するように理解できる時代に、私たちは差し掛かっています。そうなれば、デジタルなアクセシブルブックは、すぐに必要なくなってしまうのでしょうか？　もちろん、そんなことはありません。ＤＡＩＳＹもＥＰＵＢも、それを必要とする人やシーンは少しずつ形を変えながら、利用されていくはずです。

デジタルなアクセシブルブックの未来を見据えるために、先人たちの取り組みに敬意を忘れることなく、さまざまな技術が開くアクセシブルブックの可能性に関心を持ち続けることが、私たち一人一人にも求められているのです。

※１　「障害のある人へのコミュニケーション支援セミナー ＤＡＩＳＹ（デイジー）図書の活用」日本障害者リハビリテーション協会情報センター　吉広賢史　https://comit-k.org/pdf/daisy231004.pdf

※２　「著作権法」e－Gov法令検索　https://elaws.e-gov.go.jp/document?lawid=345AC0000000048

※3　「視覚障害者等のための複製・公衆送信が認められる者について ～文化庁の個別指定を受けずとも，ボランティア団体等が音訳等事業を行えるようになりました～」文化庁　https://www.bunka.go.jp/seisaku/chosakuken/seidokaisetsu/1412247.html

※4　世界中のウェブサイトなど、デジタル情報をアーカイブしている非営利法 Internet Archive（インターネットアーカイブ）は、多くのＤＡＩＳＹ図書に Readium LCP（リーディアムＬＣＰ、ＬＣＰは Licensed Content Protection の略）というアクセシブルなＤＲＭの適用を検討しています。一方、一般向けの大手電子書籍プラットフォームでは、著作者の権利を保護するために、各企業が開発したＤＲＭが使われて、利用には専用の読書リーダーが必要です（Ａｍａｚｏｎの「Ｋｉｎｄｌｅ（キンドル）」が代表的な例です）。そのため、デジタルなアクセシブルブックの規格に準拠したコンテンツが作成されても、専用の読書リーダーが対応しなければ、その機能を十分に活用することができません。リーディアムＬＣＰはオープンに開発されたＤＲＭであるため専用の読書リーダーに依存することなくコンテンツを利用できます。ＤＲＭのため個人情報を取得する必要がなく、運用コストの面でも負担が少ないシステムとされています。

※5　ウェブ技術の標準化推進団体Ｗ３ＣのEPUB Accessibility 1.0が、２０２１年に国際標準化機構（ＩＳＯ）のISO/IEC 23761:2021として標準化されました。制定されたＪＩＳ規格もこのＩＳＯ規格に一致するものです。Ｗ３ＣはEPUB Accessibility 1.1について勧告済みですが、ＪＩＳ規格では新しいバージョンにも言及されています。

※6　ＩＳＯ(International Organization for Standardizationの略、国際標準化機構)が制定する規格。

※7　ＪＩＳ(Japanese Industrial Standardsの略、日本産業規格)。

※8　河村宏(国際ＤＡＩＳＹコンソーシアム理事)「なぜ情報アクセシビリティという視点が重要か」講演資料　発表内容の記録―２０２２年11月26日　ＪＤＣ／ＪＥＰＡ共催『普通の書籍が読めない人に読書機会を提供する：ＥＰＵＢ電子書籍のアクセシビリティ』講演会記録　https://jdc-hp.normanet.ne.jp/tech/semi20221126/kawamura/index.html

※9　History of the DAISY Consortium - The DAISY Consortium　https://daisy.org/about-us/history/

※10　Professional Vita for George - George Kerscher's Home Page　https://www.georgekerscher.com/vita-2022.html

※11　例えば、リアルタイムに自分の声を変換し、別人の声を出力できるＲＶＣ（Retrieval-based-Voice-Conversion の略）など。 https://github.com/RVC-Project/Retrieval-based-Voice-Conversion-WebUI/blob/main/docs/jp/README.ja.md

※12　「アクセシビリティを考慮した電子出版サービスの実現【報告書】」一般社団法人電子出版制作・流通協議会　https://aebs.or.jp/itc/EPublishing_accessibility_report.pdf

※13　米国では、１９６４年に制定された公民権法を受けて１９９０年7月に成立したＡＤＡ（Americans with Disabilities Act の略、障害を持つアメリカ人法）があります。加えて政府が調達する情報サービスや機器はアクセシブルなものであることが求められていて、違反すると政府との取引ができないといった、罰則規定もあります（１９９８年に改正のリハビリテーション法５０８条）。

※14　青空 in Browsers　https://aozora.binb.jp/

※15　青空文庫　https://www.aozora.gr.jp/

※16　「青空文庫早わかり　青空文庫編」青空文庫　https://www.aozora.gr.jp/guide/aozora_bunko_hayawakari.html

※17　「アクセシビリティを高めるための制作ガイドライン」ボイジャー　https://

romancer.voyager.co.jp/a11y-tech/

※18 「（ＰＤＦ版）デジタル実装の優良事例を支えるサービス／システムのカタログ（２０２４年春版）」デジタル庁　https://digiden-service-catalog.digital.go.jp/pdf/catalog.pdf?041924

※19 「国内導入実績No.1の電子図書館サービス『LibrariE & TRC-DL』導入自治体数３５０件突破 日本の総人口約54％が利用可能」ＴＲＣ図書館流通センター　https://www.trc.co.jp/information/240119_release.html

※20 「クラウド型電子書籍サービス&コンテンツ LibrariE & TRC-DL パンフレット」ＴＲＣ図書館流通センター　https://www.trc.co.jp/information/pdf/202201_trcdl.pdf

※21 「ボイジャーが運営する電子図書館『青空 in Browsers』、訪問数が前年比２・25倍を記録！・」PR TIMES　https://prtimes.jp/main/html/rd/p/000000007.000049823.html

※22 理想書店　https://store.voyager.co.jp/

※23 May 13, 2024 Hello GPT-4o　https://openai.com/index/hello-gpt-4o/

※24 「最近話題のマルチモーダルＬＬＭまとめ」npaka　https://note.com/npaka/n/n1ebe218e95d0

第5章　公共図書館のサービスで アクセシブルブックを体験してみよう

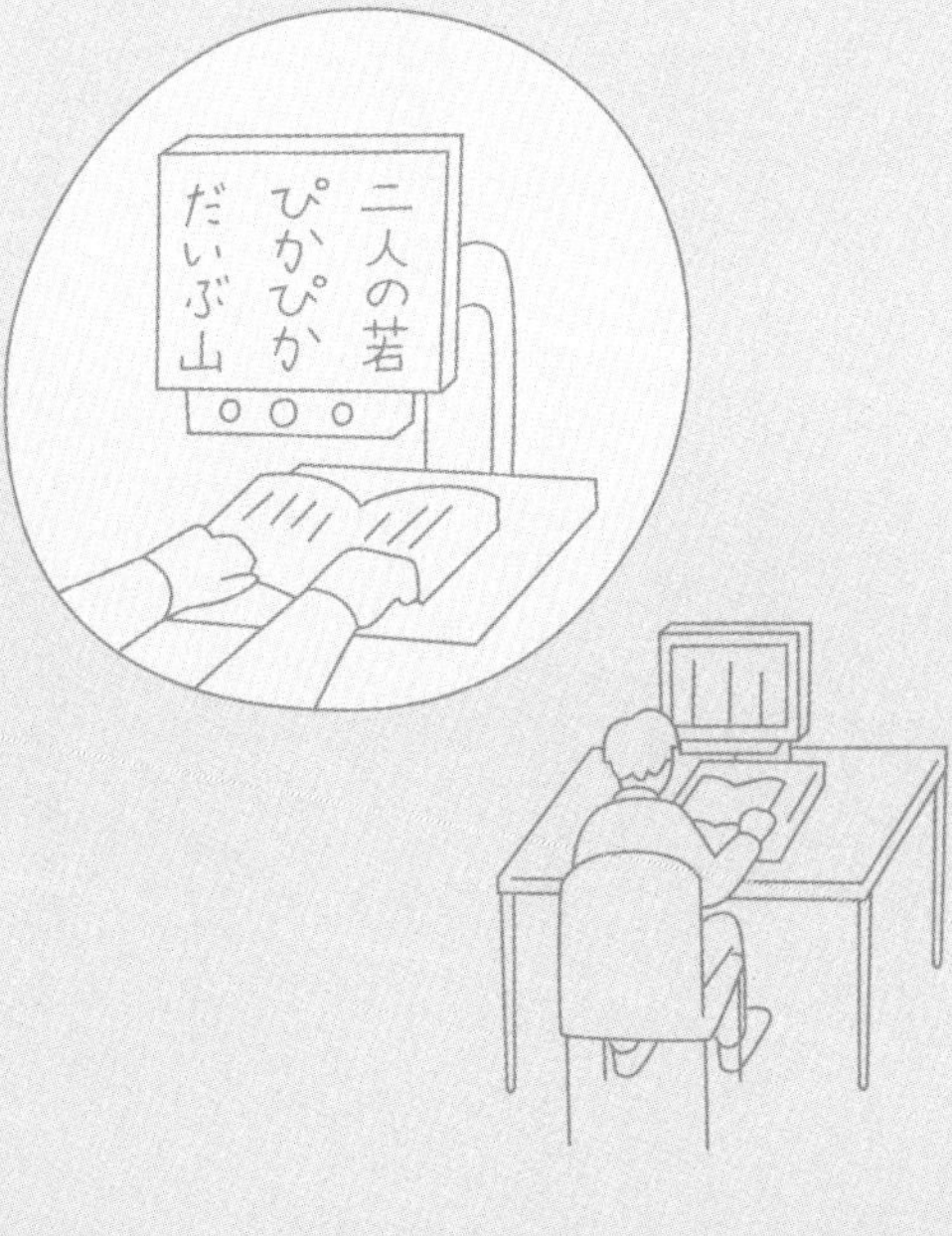

第4章では、電子的なアクセシブルブックの規格の成り立ちや、規格の開発、製作の現場の様子を知ることができました。改正障害者差別解消法により事業者による障害のある人への合理的配慮の提供が義務化され、公共図書館では、電子出版への期待を寄せています。

第5章では、公共図書館での障害者サービスを説明した後、統計データを使用して、図書館の現場が抱えている課題を解説します。続いて、音声DAISY製作を行っている図書館から作り方を学び、次に、国立国会図書館や、全国の図書館が行っている先進的な取り組みを紹介します。

1　図書館での障害者サービスとは何か?

本書を手に取ってくださった皆さんが想像する公共図書館はおそらく、誰でも無料で本が借りられ、時折、読書会や講演会なども行われている場所でしょう。図書館のイメージは利用者によって異なりますが、「誰でも」が非常に重要なポイントです。

第2章では、図書館は早くから、「図書館利用に障害のある人」に焦点を当て、障害は利用者ではなく、図書館側にあるとの考え方を説明しました。

しかし、実際には利用しづらい図書館も存在します。例えば、建物の上層階に図書館があり、エレベーターが設置されていなければ、足が不自由な人は利用できません。東京都の新宿区立中町図書館は地下1階にあり、エレベーターが未設置です。階段を下りられない人はインターホンで図書館に連絡し、階段の上で予約資料を受け取ったり、希望する資料を持ってきてもらったりしています。利用者と図書館の双方が涙ぐましい努力を続けているのです。また、目が不自由な人は通常の本を読むことが難しいため、多くの図書館で「障害者サービス」が提供されています。

このサービスを受けられる人は、文字が読めない、読みづらい、本が持てない人です。一部の図書館では、「障害者手帳を有する者のみ」としていますが、具体的には、「著作権法第37条第3項」や「読書バリアフリー法」でいう視覚障害者等の「等」に該当します。厚生労働省が行った、平成28年度「生活のしづらさなどに関する調査（全国在宅障害児・者等実態調査）」によると、視覚障害により障害者手帳を所持している人は、約31・2万人、同じく肢体不自由は、約193・1万人（うち、「上肢」「脳原性運動機能障害・上肢」は、約67・5

万人）と推計されています（※1）。したがって、ここに該当する人の大多数が対象となります。「私も対象になるのだろうか？」と思われる場合は、ぜひお近くの公共図書館に尋ねてみてください。

次に、提供されるサービスには、大まかに三つのカテゴリがあります。「対面朗読サービス」、「来館不要の資料受け取りサービス」、「障害者サービス用資料の貸し出し」です。

―対面朗読サービス

これは視覚に障害のある人や、活字による読書に支障のある人を対象に、対面朗読室で図書館の資料や、お手持ちの資料などを朗読するサービスです。1回2時間と設定している図書館が多いです。費用はかかりません。新型コロナウイルス感染症の影響で、一部の図書館ではオンラインでの対面朗読も試みられています。

―来館不要の資料受け取りサービス

これは、点字・録音資料の郵送貸出と、職員・ボランティアによる宅配サービスがあります。点字・録音資料の郵送貸出は、視覚障害者に限定され、送付可能な資料は点字資料、録音物のみです。郵送料はかかりません。職員・ボランティアによる宅配サービスは、身体が不自由な人、高齢、病気やケガなどで図書館への来館が困難な人が対象です。希望の資料を自宅へ届けたり、回収したりします。貸出冊数や貸出期間は、一般サービスに準じている図書館が多いです。一部の図書館では、産前産後の人も対象になります。費用は、無料の図書館が多いですが、有料の図書館もあります。

― 障害者サービス用資料の貸し出し

これは、本書で紹介している「アクセシブルブック」の貸し出しです。借りられる人は、先に述べた視覚障害者等が対象者になります。詳細は後述します。

2 数字で見る――公共図書館の障害者サービスの課題

この項目では、公共図書館の障害者サービスについての統計情報から、図書館現場の課題を見ていきます。

２０２１年度に、全国公共図書館協議会が実施した「公立図書館における読書バリアフリーに関する実態調査報告書」（※２）を見てみましょう（表１参照）。この報告書は、47都道府県と図書館を設置している1346の自治体に行った調査で、都道府県と市区町村の回答率はそれぞれ100%と99・8%でした。全国の図書館の状況を、ほぼ網羅していると言えるでしょう。主なサービスや所蔵資料についての情報は報告書から抜粋しました。

対面朗読サービスの実施について、都道府県立図書館の55・3%、市区町村立図書館の33・4%が対応しています。点字・録音資料の郵送貸出においては、都道府県立図書館の63・8%、市区町村立図書館の34・7%が実施しています。職員等による宅配サービスは、市区町村立図書館の20・3%が対応していますが、都道府県立図書館では回答がありませんでした。

次に、資料の所蔵館数を見てみます。ここでいう資料は本書で紹介されている「アクセシブルブック」で、視覚障害者等が借りられる資料です。

都道府県立図書館では、「大活字本（市販）」が46館（97・9%）と最も多く、「LLブック」が44館（93・6%）、「点字つき絵本」が42館（89・4%）、「点字資料・点訳絵本（冊子）」と「マルチメディアDAISY」が36館（76・6%）、「布の絵本」が33館（70・2%）、「音声DAISY」が30館（63・8%）と続きます。

一方、市区町村立図書館では、「大活字本（市販）」が1234館（91・9%）と最も多く、

表1

サービス名	都道府県	市区町村
対面朗読サービス	26 (55.3)	449 (33.4)
点字・録音資料の郵送貸出	30 (63.8)	466 (34.7)
宅配サービス	0 (0)	273 (20.3)
サピエ図書館施設会員	30 (63.8)	204 (15.2)
国立国会図書館視覚障害者等用データ送信サービス	22 (46.8)	96 (7.1)
主な所蔵資料	都道府県	市区町村
大活字本(市販)	46 (97.9)	1,234 (91.9)
LLブック	44 (93.6)	877 (65.3)
点字つき絵本	42 (89.4)	1,124 (83.7)
点字資料・点訳絵本(冊子)	36 (76.6)	994 (74.0)
マルチメディアDAISY	36 (76.6)	261 (19.4)
布の絵本	33 (70.2)	586 (43.6)
音声DAISY	30 (63.8)	331 (24.6)

実施数()内は%

(出典)「2021年度(令和3年度)公立図書館における読書バリアフリーに関する実態調査報告書」全国公共図書館協議会、https://www.library.metro.tokyo.lg.jp/zenkoutou/report/2021/に基づき、筆者が作成。
調査票回答:47都道府県中47都道府県(100%)
1,346図書館設置自治体数中1,343自治体(99.8%)

「点字つき絵本」が1124館（83・7％）、「点字資料・点訳絵本（冊子）」が994館（74・0％）、「LLブック」が877館（65・3％）と続きます。しかし、都道府県立図書館では所蔵率の高い「音声DAISY」は331館（24・6％）、「マルチメディアDAISY」は261館（19・4％）、「布の絵本」は586館（43・6％）にとどまっています。

障害者サービスの質向上には、「国立国会図書館視覚障害者等用データ送信サービス」（以下、「データ送信サービス」という）やサピエ図書館の利用が欠かせません。

「データ送信サービス」とは、国立国会図書館が製作したDAISYデータ等と、他の図書館等が製作し国立国会図書館が収集したDAISYデータ、点字データ等を、視覚障害者等の利用者や公共図書館等にインターネット経由で送信するサービスです。2023年12月末時点の音声DAISYデータは、3万6090点です（※3）。

一方、「サピエ図書館」は、点字図書や録音図書の全国最大の書誌データベース（約80万件）として、広く活用されています。そのうち、音声DAISYデータは約12万タイトルもあります（※4）。

報告書によると、都道府県立図書館の63・8％がサピエ図書館の施設会員になっています。また46・8％が「データ送信サービス」に登録しています。

一方、市区町村立図書館がサピエ図書館の施設会員になっている割合は15・2%、「データ送信サービス」に登録している割合は7・1%と、大変低いのです。

サピエ図書館の施設会員登録には費用がかかります。点字・DAISYデータを利用する会員は年4万円、書誌データのみを利用する会員は年2万円で、全国すべての図書館が登録することは難しいと考えられます。しかし「データ送信サービス」の会員登録には経費がかからないにもかかわらず、登録率が低いのです。ネットワークを活用したサービスの充実には、国立国会図書館の情報発信力、受け手である公立図書館等の情報収集力の向上が必要です。

第2章において野口教授が音声コンテンツの所蔵率が低いことを懸念していたように、なぜ、音声コンテンツの所蔵率が低いのでしょうか。次の項目では、音声DAISYを製作している現場に焦点を当て、ボランティアによる音訳サービスの限界を解説します。

3　音声DAISYの作り方と課題

今回、東京都の新宿区立戸山図書館で、音声DAISYの製作から貸し出しまでの現場を取材しました。お話ししてくださったのは、実務を担当するボランティアと図書館の副館長です。

1980年に開館した戸山図書館は、都立戸山公園に隣接し、戸山ハイツ（都営住宅）の2階に位置しています。周辺には、公益財団法人日本障害者リハビリテーション協会など障害者関係機関が多くあります。その立地ゆえに、障害のある人からの要望が多く、新宿区は戸山図書館を障害者サービスの拠点としました。そして、録音図書の作成や貸し出し、対面朗読サービスをはじめ、点字本や大活字本の収集などを行うことにしたのです。

戸山図書館での障害者サービスの歴史は古く、開館した翌年の10月には対面朗読サービスを開始しました。このサービスを開始するにあたり、朗読者養成講座を開催し、ボランティアを募集しました。

その後、この講座を修了した人たちが中心となり、図書館の主導で、「声の図書館研究会」が発足。声による図書館報の発行と録音図書の製作が毎月行われるようになりました。

２００９年に転機が訪れました。新宿区では指定管理者制度を導入し、地域図書館の運営を民間に任せることになりました。指定管理者制度とは、公の施設の管理に民間の能力を活用しつつ、住民サービスの向上を図るとともに、経費の削減等を行うことを目的とした制度です。新宿区は、多様化するニーズへ対応するには民間のノウハウやスピードが必要と考えたのです。

同年、「新宿区声の図書館研究会」は、会の形を整え、役員会を置くこととなりました。また、６月の著作権法改正により、障害者のための著作物利用について、権利制限の範囲が緩和されました。さらに同時期に音声ＤＡＩＳＹのソフトウェアが開発されたことにより、録音図書はカセットテープから音声ＤＡＩＳＹへと変わっていきました。

音声ＤＡＩＳＹの作り方については、「声の図書館研究会」の会長、南部優子《なんぶゆうこ》さんと、幹事の遠藤悦子《えんどうえつこ》さんに、図書館資料としての登録や貸し出しについては、戸山図書館の副館長、谷口絵莉子《たにぐちえりこ》さんにお話を伺いました。

① 音訳

利用者からのリクエストに基づき、図書館の担当者が、「録音（ＤＡＩＳＹ）資料製作に関する全国基準」(※5)に基づいた仕様書を作ります。録音資料は、原本を原本通りにありのままに音声化したものであり、図表や写真も説明します。

音訳者は表紙や図表写真の説明等、文字でない部分の音訳のために、音訳原稿を作成します。次に、原本や仕様書に読む上で必要なアクセントやイントネーション、息継ぎ(間)、その他注意すべきポイントを書き込みながら、音訳の準備を進めます。南部さんは学生時代からの経験を持ち、30年以上音訳を手がけるベテランです。

「今では、インターネットがあるので、読みの調査は格段に楽になりましたが、信頼できるサイトを選ぶことが重要です」と話す彼女が初めて音訳したのは、平岩弓枝の『御宿かわせみ』(文藝春秋)でした。

「誤読を校正され、『ああ、私って漢字もろくに読めないんだ』と情けなくて……。初めからもう一度読み直しました」

この活動に入るきっかけは、ふと立ち寄った図書館で見つけた音訳者募集のチラシです。結婚し、子供を抱えながら、夫の転勤で知らない土地で暮らしていたとき、社会とのつながりを求めた南部さんは音訳者の道に入り、今日までつながっています。現在は戸山の活動の他、墨田区の刊行物なども読んでいるそうです。

新宿区の4つの図書館には、防音設計の録音室が設けられています。音声録音には、「PRS Pro（プレクストークレコーディングソフトウェア・プロ）」（※6）というソフトウェアを使用し、パソコンに直接録音しています。

② 音訳校正・修正

音訳モニター（校正者のこと）は、音訳者とは異なる担当者が行い、仕様書に基づいて原本通りに読まれているか確認します。誤読や図表の説明などに不備があれば、モニター用紙に指摘し、音訳者はこれに基づいて修正します。その後、図書館が確認し、修正されたものはDAISY編集者に渡されます。

③ DAISY編集

DAISY編集は、原本の構造に基づき、利用者の利便性を考慮しつつ階層化する作業です。この作業を長年続けてきたDAISY編集者の遠藤さんは、「階層化というのは、紙の本でいう章立てのことです。例えば、1章、2章といった大きな見出しの下に、1節、2節といった小さな見出しがあり、さらにその下に1項、2項といったもっと小さな見出しがあるようなイメージです。音訳者が意識して読んでいる場合のＤＡＩＳＹ編集は問題ないのですが、カセットテープからＤＡＩＳＹに変換する作業の場合は、原本の構造を改めて確認する必要があります。特に小説のように1つの階層が長い場合、編集ソフトの文字数制限により編集ができなくなります。そのため、階層を分ける必要が出てきたときは、『目次の階層はレベル1のみですが、ＤＡＩＳＹ編集の都合でレベルを分けています』というような『ＤＡＩＳＹ図書凡例』を作成する必要があります」と語ります。

彼女は一人でコツコツできるようなボランティアを探していたとき、区の広報紙でＤＡＩＳＹ編集者の養成講座の募集を見つけたそうです。早速申し込み、説明会に参加しました。区の担当者は、「メールのやりとりや、簡単なパソコン操作ができる程度のスキルがあればできます」と説明していたため、「それなら私もできる」と思って始めたそうです。しかし、実際にはパソコン操作だけで完結する作業ではなく、本それぞれの特徴を伝えるために図書館の担当者や音訳者と協力しながら進めているとのことです。

④ ＤＡＩＳＹ校正

ＤＡＩＳＹ校正もＤＡＩＳＹ編集者とは異なる担当者が行います。校正者は、ＤＡＩＳＹ

編集が仕様書の通りに仕上がっているかを確認し、違っている場合は校正票に記入します。さらに図書館のチェックが入り、追加録音や凡例に関しては音訳者に依頼します。最終的に編集者が最終校正を行い、完成したものは図書館に提出（納品）されます。

⑤ 図書館資料の登録

図書館は、音声ＤＡＩＳＹの最終確認を行い、ＣＤ、ケース、点字シール、郵送箱等の装備を施し、図書館資料として登録します。完成したデータはＣＤだけでなくＳＤカードにコピーされ、利用者の要望に応じて提供されます。国立国会図書館にデータ提供をすることで、サピエ図書館からパソコン等でダウンロードが可能になります。

ＤＡＩＳＹ製作で長い活動履歴のある「声の図書館研究会」ですが、より良い音訳を追求するべく、毎月会員による勉強会を行っています。

「音訳者もＤＡＩＳＹ編集者も俯瞰力が大事で、本を受け取ったら、まずはどのような作りになっている本なのかを確認すること。そして、利用者がＤＡＩＳＹ操作に煩わされることなく読書が楽しめることを優先してほしいと皆さんに伝えています。音訳に関して言うと、本文の内容は暗くても明るく読む。感じるのは聞き手であり、読み手が感情を出すものではないということです」と南部さんは言います。外部講師を招聘したこともありますが、内部での勉強会に意味があると彼女は強調します。

「過去には、NHKの日本語センターからアナウンサーを講師に招いたこともありました。声の出し方、間の取り方、言葉の生かし方等の基礎的なことは役に立ちました。しかし、日常的、具体的な悩みに対しては、私たち自身による、独自の勉強会が必要だと感じました。勉強会では、課題を感じる部分を事前に録音してきて、それを聞いて意見交換するという方法です。図表や写真の説明などは、数をこなし慣れていくことが必要です」

今後はDAISYに関する知識を増やしていくことがテーマだと、南部さんは話してくれました。

音声DAISYの製作は各館のボランティアが、それぞれに努力を積み重ねていますが、その完成度には地域差があるのも事実です。

「地方の知り合いがDAISY編集をしていると聞き、話をしたのですが、新宿とやり方が全く違っていました。階層分けなどもしてなく、講習を一回受けただけで、何とか体裁を整えて、利用者に渡してしまうこともあるそうです。このような不十分な体裁ではサピエ図書館に納めることはできません。サピエ図書館に納めるのであれば、『録音(DAISY)資料製作に関する全国基準』に則って製作する必要があります。また、読みの調査や校正なども行わず、利用者が持参した本をその場で手渡される対面朗読のようなプライベート(個人)対応で録音図書を製作していることが多いようです」と遠藤さんは言います。

谷口副館長には、図書館がどのようにして音声DAISYを利用者に提供しているかを聞きました。

利用登録は、区内に在住・在勤・在学の人で、病気やけが、障害、高齢等で通常の活字の本が読みにくい人が対象です。障害者手帳がなくても活字の本をそのままで読めないのであれば利用登録が可能で、現在は129名が登録しています。

資料の貸し出しは電話での申し込みも可能で、リクエストを受けた後、サピエ図書館や国立国会図書館に所蔵がないか調査します。所蔵がある場合は相互貸借制度を利用して、全国の点字図書館や公共図書館等から借り受け、サピエ図書館等からダウンロードする手続きを案内します。

所蔵がなく、市販もされていない資料は、著作権法第37条第3項に基づき、図書館で製作します。2022年度は48タイトルを製作しました。

このようなサービスを行う上で、今後の課題について、南部さんは次のように語ってくれました。

「仕事として確立していないことが課題だと感じています。訓練を積まないとできない特殊な作業ですし、多くの人は日々の生活が忙しく、ボランティアに時間と労力を費やすことが難しいのが現実です。続かない、続けられない。また手話通訳者のような資格もないのです」

新宿区の場合、音声ＤＡＩＳＹ製作に関わるボランティア（音訳者、校正者、ＤＡＩＳＹ編集者、ＤＡＩＳＹ校正者）には、出来上がった作品１時間当たりに対し、区が定めた金額を謝礼として支払っているそうです。

全国には図書館が３０００館以上もありますが、障害者サービスを提供できない図書館も多くあります。ではなぜ、戸山図書館では継続できているのでしょうか。

「新宿区は区の方針も整っており、いい意味で区と指定管理者とがうまくやっています。指定管理者になった初代館長の大城澄子《おおしろすみこ》さんは、『録音（ＤＡＩＳＹ）資料製作に関する全国基準』が完成する以前から、製作マニュアルを整え、ボランティアに寄り添ってくれました。そして、その取り組みを現在の矢部《やべ》剛《たけし》館長が引き継ぐ中で、さらに改善し、谷口副館長と一緒に進めていく。この関係性が大切だと思っています」と南部さんは指摘し、区と指定管理者の協力が重要であると強調しました。指定管理者の良し悪しで、障害者サービスが変わってしまう可能性がある中、戸山図書館では成功している事例であると言えます。

自治体だけでも民間だけでも、もちろんボランティアだけでも、このようなサービスは行えません。それぞれができることをしながら、みんなで助け合うことで、音声DAISYが出来上がることが分かりました。今後、デジタル出版が進み、合成音声による読み上げが充実していくと考えられますが、合成音声には真似できない、正確なアクセントやイントネーション、図表や写真の説明のある音声DAISYも必要であり、そのための人員確保と育成の大切さを知ることができました。

次の項目では、国立国会図書館での新しい取り組みについて解説します。先に「データ送信サービス」の登録率が低いことを取り上げました。公共図書館がこのようなサービスを知らないこともありますが、使い勝手が悪かったことも理由の一つの可能性があります。

4 国立国会図書館における「読書バリアフリー法」への取り組み

国立国会図書館では、２０２４年1月に「みなサーチ」と呼ばれる障害者向け資料検索サービスを導入しました（※7）。このサービスは、視覚障害者や読書に困難がある人が容易に利用できる形式の資料を検索するエンジンで、点字、ＤＡＩＳＹ、テキストデータ、大活字本、ＬＬブック、電子書籍、バリアフリー映像資料など多様な種類の資料が対象です。

「みなサーチ」は、２０２３年3月にβ版が試験公開され、障害者の声を受けて改善が加えられました。特に視覚障害者向けに、ホームページは大きな文字で表示され、検索ボックスが目立つ位置に配置されました。これは、視覚障害者が検索ボックスを見つけるのが難しいという課題に対処するための工夫です。

また、弱視や麻痺などによりマウス操作が難しい場合を考慮し、キーボード操作によるカーソルの移動がスムーズになるよう、ウェブサイトを修正しました。ウェブブラウザーにはキーボードの「Ｔａｂ（タブ）」キー、「Ｅｎｔｅｒ（エンター）」、「Ｓｐａｃｅ（スペース）」キーなどの操作で選択項目の切り替えやページ移動ができる機能があります。「みなサーチ」では、その機能を活用し、最小限で検索結果にたどり着くようにしました。

「みなサーチ」で資料を探す場合は、「Tab」キーで「検索ボックス」移動し、書名やキーワードを入力し、「Tab」キーで「検索」マークにカーソルを移動したところで、「Enter」キーを押すと検索結果が表示されます。検索結果の資料名の移動も「Tab」キーで進めることができます。

「Google（グーグル）」などで「みなサーチ」を検索する場合も、検索ボックスに「みなサーチ」と入力し、「Tab」キーを押します。そうすると画面上に「メインコンテンツへスキップ」と表示されます。「Enter」キーを押すと直接メインコンテンツの検索結果を一覧表示することができます。

「みなサーチ」のトップページを見ると、「最近1か月の新着（みなサーチでダウンロードできる資料）」が表示され、新着情報へのアクセスが容易になりました。また、「みなサーチで選ぶ読書のカタチ」というリンクがあり、そこをクリックすると「みなサーチで読書のカタチを選びませんか？」というページが現れます。このページでは、紙の本を手で持つだけでなく、音で聞く・手で触るなどさまざまな読書スタイルに対応し、利用者が自分にとって最適な形式の本を見つける手助けが提供されています。

この取り組みが目指すのは、国立国会図書館の検索エンジンを通して、アクセシブルブックを必要とする全国の人の手に適切な資料を素早く届けることです。全国の公共図書館が「データ送信サービス」に登録することで、アクセシブルブックへのアクセスが容易になることを期待しています。

ただし、注意も必要です。「みなサーチ」の検索機能は、登録なしで利用可能ですが、ダウンロードには国立国会図書館への登録が必要です。登録対象者は、通常の活字の印刷物の読書が難しい方々で、新規登録には来館または郵送などの手続きが必要です。その際、身体障害者手帳など障害状況を示す書類が必要です。詳細は国立国会図書館のＷｅｂサイトでご確認いただくか、お近くの公立図書館にお問い合わせください。

5　取り組み事例の紹介

この項目では、先進的な取り組みを行っている図書館をご紹介します。アクセシブルブックそのものの取り組みではないですが、一人でも多くの方が自分に合った図書館利用ができるためのガイドとなればうれしいです。

写真1　須賀川市中央図書館（筆者撮影2019.5.2）

（1）須賀川市民交流センターｔｅｔｔｅ（テッテ）（福島県）　「ｔｅｔｔｅ」は、図書館や公民館などの複合施設として整備され、２０１９年１月に開館しました。地上5階建てで、延べ床面積は１万３６９８㎡もあり、広い館内を自由に移動できるように、35台のブックカートが準備されています。

図書館を利用する際、何冊もの本を抱えて歩くのは、なかなか大変で、ブックカートがあればこれらの不便が相当、解消できそうです。手が不自由な方や障害者へのサービスを最初から意識していたわけではないそうですが、1回に借りられる本の冊数が10冊で、かなりの重さになることから、気軽に利用してもらいたいとの思いで導入したそうです。また、高齢者からは、「本は重いので、大変助かる」との声が寄せられています。

ただし、このカートは高齢者の歩行の支えになるような安定性が計算されていないため、転倒事故などの心配があるとの課題が挙げられていました。

（2）調布市立中央図書館（東京都）

同図書館は、調布市文化会館「たづくり」の複合施設内に位置する図書館です。「たづくり」は12階建ての大型施設で、図書館は4階から6階に位置しています。

6階の利用支援サービスコーナーでは資料の宅配サービスの概要や、文字が読みにくい、読むことが苦手など、読書に関する悩みに対応する資料紹介が行われています。

文字が読みにくくて困っていても周囲に伝えない人や、自覚がない人も多く、このような紹介を通じて、「もっとスムーズに読書を楽しむことができるのかもしれない」「困っていることを解決できる手段があるかもしれない」など、新たな気付きがあるかもしれません。また、周囲の人がアクセシブルブックの存在を知り、当事者へのサービスにつながる可能性もあります。

利用者からは「活字が小さくて読みにくいと感じていたが、大活字本があることを知って読書が楽になった」「妊娠や出産は病気ではないから、特別なサービスはないと思っていたが、産前産後に本が届けられることを知り、読書を諦めなくてすんでうれしい」との声が寄せられています。

（3）三条市立図書館（新潟県） 同館は2022年7月に新築移転した複合施設で、2階には、気軽に録音図書

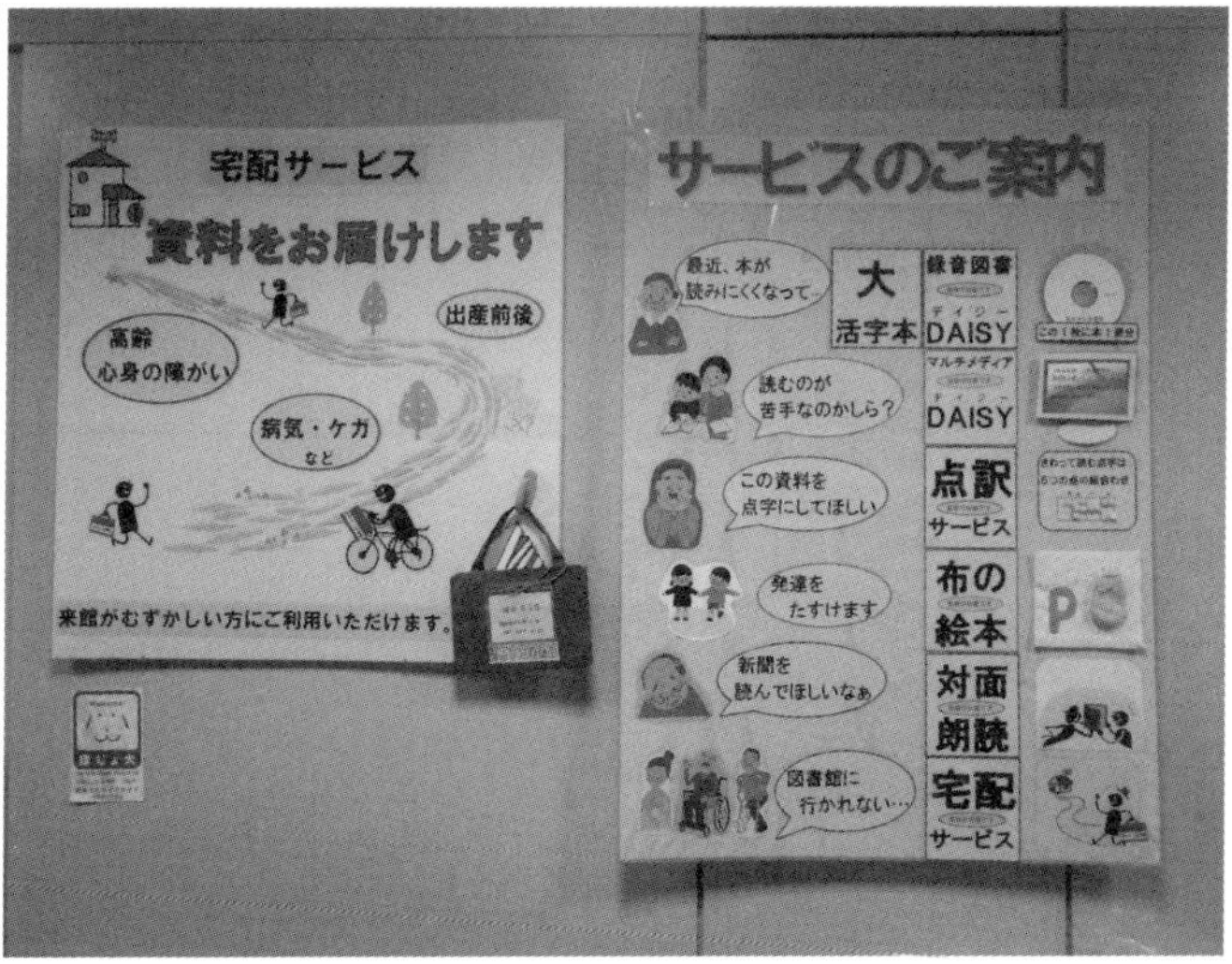

写真2　調布市立中央図書館（同館より2023.11月提供）

を手に取れるようなコーナーが設けられています。こういった資料の存在をより多くの人に知ってもらうことで、サービスを必要とする人の元へ資料が届くことを期待しています。

同図書館ではボランティアが録音図書を製作し納品しています。利用者からの要望で、気軽に楽しめる小説なども多く、一般図書と同様、開架に並び、1年間で約150件程度の貸し出しがあります。

（4）オーテピア（高知県）　高知県にある「オーテピア」は、「高知市民図書館」と「高知県立図書館」が共同運

写真3　三条市立図書館（同館より2023.11月提供）

営する「オーテピア高知図書館」、「高知声と点字の図書館」、「高知みらい科学館」からなる複合施設です。

正面入り口からエントランスホールに入ると、すぐに「高知声と点字の図書館」があります。障害者向け機器展示コーナーでは、上腕を支えて手の動きをサポートする器具など、一般ではあまり見ることのない機器を試すことができます。

また高知県眼科医会が取り組んでいるロービジョンケアへの協力もユニークな活動です。同活動を紹介するリーフレットには、相談窓口の最初に「オーテピア」が記載され、市内の眼科には「DAISY録音図書紹介コーナー」が設けられるなど、先進的な取り組みが行われています。

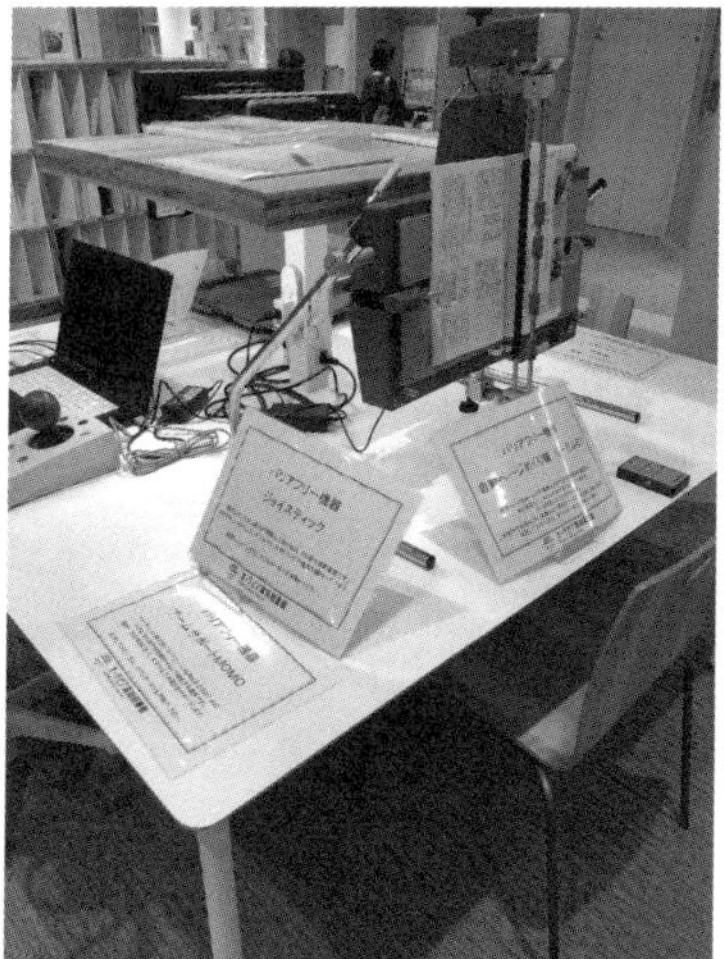

写真4　オーテピア高知図書館（筆者撮影 2018.12.9）

6　アクセシブルブック利用のはじめのいっぽ

私たちは誰でも平等に年をとります。今、健康だとしても、老眼で本が読みづらくなる日が来るかもしれません。耳も遠くなり、足腰も自由に動かなくなっていきます。また、突然の事故で体に障害が残る可能性もあるでしょう。どんな状態になっても、「本を読みたい」「何か学びたい、知りたい」と思ったとき、「図書館があってよかった」と思えることが大切なのではないでしょうか。

公共図書館では、これまで述べたようなサービスを行っています。まずはご自身の住んでいる自治体の図書館ではどのようなサービスを行っているか、それを知ることが大切です。そして、図書館を最大限に活用し、より豊かな生活を送るための手段としてアクセシブルブックを利用してみてください。

※1　「視覚障害者等の読書環境の整備の推進に関する基本的な計画」P4

※2　https://www.mext.go.jp/content/000073559.pdf
「2021年度（令和3年度）公立図書館における読書バリアフリーに関する実態調査報告書」全国公共図書館協議会　令和4年3月
https://www.library.metro.tokyo.lg.jp/zenkoutou/report/2021/

※3　国立国会図書館視覚障害者等用データ送信サービス（視覚障害者等個人の方向けのご案内）
https://www.ndl.go.jp/jp/support/send.html

※4　サピエ図書館
https://www.sapie.or.jp/sapie.shtml

※5　「録音（DAISY）資料製作に関する全国基準」
https://www.jla.or.jp/portals/0/html/lsh/zenkokukijyun.html

※6　「DAISY2.02規格に準拠した図書の録音・編集を行うことのできるソフトウェア」
http://www.plextalk.com/jp/products/prspro/

※7　国立国会図書館「みなサーチ」
https://mina.ndl.go.jp/

おわりに

この本は三名の共著として書かれました。「はじめに」と第4章、「おわりに」を私（宮田和樹）が、第1章と第3章を馬場千枝が、第2章と第5章を萬谷ひとみが担当しましたが、共に取材に出かけては企画を練り、互いに原稿を読み、コメントを交わし合って完成にこぎ着けました。

宮田が企画を立ち上げ、ライターとして釜本美佐子さんの著書、『ブラインドサッカーがくれた 生きる勇気』（日本文芸社）の制作に協力した馬場さんに声をかけ、取材が始まりました。取材の中盤から、公立図書館で障害者サービスに携わった経験もある萬谷さんが加わり、アクセシブルブックの理解や普及に図書館が果たす役割についての内容を、より充実したものにできたのではないかと思っています。

この間、本文でも触れているように、市川沙央さんが芥川賞受賞のコメントで、読書バリアフリー推進を訴えたり、障害者差別解消法が改正され事業者による合理的配慮が義務化されたりと、社会的な変化やメディアの注目の大きさを毎日のように感じる一方で、本や出版をめぐる複雑で、それゆえに豊かな生態系（エコシステム）を、分かりやすくまとめることの難しさを実感する日々でもありました。

この本で深く取り上げられなかったことは少なくありません。

子供たちが使う教科書の電子書籍やアクセシビリティについてはその中でも大きなものの一つです。アクセシブルブックを必要とする人に届けるために必要不可欠な、電子書籍販売サイトのアクセシビリティへの取り組みについても、十分に取材することは叶いませんでした。技術がめまぐるしく変化していく中で、各種支援技術の動向についても、もっと詳細に取り上げたいとの思いに駆られましたが、これについても今後の課題として持ち越すことにしました。

第1章を中心に、さまざまな当事者の方たちを取材しました。しかし、聞くことが難しい、聴覚障害の人や、日本語を母語としない人など、続く第2章、第3章で触れていながら、当事者の方への取材まで手が回りませんでした。

取材や調査を通じて私たち自身が学んだことの中にも、各章の構成を検討するにあたって収録しなかった話題は少なくありません。第4章では、DAISYとEPUBの成り立ちについて、歴史的な経緯の詳細やバージョンの違いについて教えていただきました。とても興味深く、一度は文章にまとめてみましたが、最終的にはその一部の紹介にとどめました。

この本の完成が見えてきたころ、2024年1月1日に能登半島地震が発生しました。取材先の一つ、国際NGOエファジャパンでは、日本語が母語ではない人や障害がある人向けに、ウェブサイトを中心とした情報提供による支援が行われました（※1）。こちらも本文の中に収めることができませんでしたが、本かウェブかを問わず、広い意味で「本の飢餓」や読むことのバリアの解消を目指した取り組みのひとつです。

企画を立て始めた当初のタイトル案は『アクセシブルブックのすべて』でした。デジタルなアクセシブルブックに関するトピックを網羅した、分かりやすい辞書のようなイメージでした。知らなかったとはいえ、ずいぶんと大それたタイトル案を付けていて、冷や汗が出る思いです。

1冊の本を読者に送り届けるまでは、企画や取材協力の段階から、流通・販売に至るまで、ここでは書ききれない多くの人が関わっています。この本で何度か登場する言葉で表せば「本の生態系（エコシステム）」です。そのすべてを明記することはできませんが、この場を借りてお礼を申し上げます。

私たちと同じように、より多くの人が、アクセシブルブックを「自分事」として感じてもらうことに少しでもつながれば、との願いを込めて、この本を社会に送り出します。

※1　〈能登半島地震〉エファジャパンが日本語が母語でない方や障害のある方に向け、情報の提供を通じた支援を展開―特定非営利活動法人エファジャパン

https://prtimes.jp/main/html/rd/p/000000022.000092634.html

団体・企業紹介（登場順）

第一章

日本DAISYコンソーシアム

https://www.japandaisy.org/

〒182-0024　東京都調布市布田2-7-4-1002 特定非営利活動法人支援技術開発機構内

日本DAISYコンソーシアムは、国内外におけるDAISYの普及・推進活動を行っています。すべての人が等しく情報にアクセスできることを目指して、約50カ国の団体・企業・個人で構成される国際非営利団体である、DAISYコンソーシアムの正会員です。

国立国会図書館

https://www.ndl.go.jp/

〒100-8924　東京都千代田区永田町1-10-1（東京本館）

国立国会図書館は、国会に属する唯一の国立の図書館です。国会法第130条の規定に基づき、国立国会図書館法により設置されています。

社会福祉法人日本点字図書館

https://www.nittento.or.jp/

〒169-8586　東京都新宿区高田馬場1-23-4
1940年、盲目の青年・本間一夫氏が25歳の若さで創立。点字図書・録音図書をそれぞれ約2万数千タイトル保有し、全国の視覚障害者に年間約15万タイトル貸し出す日本最大の点字図書館。予約制で館内見学が可能です。

りんごプロジェクト

http://www.peopledesign.or.jp/action/ringoproject/
〒141-0031　東京都品川区西五反田3-3-2　2F　MEGUROMARC OFFICE
NPO法人ピープルデザイン研究所内
小中学校、高校・大学、特別支援学校の他、放課後等デイサービス、親の会、図書館、各種イベント会場などで、アクセシブルな読書体験ができる出前授業や体験会を行っています。

公益財団法人ふきのとう文庫「ふきのとう子ども図書館」

https://fukinotou-bunko.com/
〒060-0006　北海道札幌市中央区北六条西12-8-3
「ふきのとう子ども図書館」の蔵書は児童書約1万4000冊。「布の本」「拡大写本」を手に取って見ることができます。他に福祉・子育て・児童書関連の一般書も置いていますので、一般成人の方もご利用になれます。

第2章

特定非営利活動法人エファジャパン（Efa Japan）

https://www.efa-japan.org/

〒102-0074　東京都千代田区九段南3-2-2 九段宝生ビル3F

日本全国の自治体や公立の病院、保育所、福祉施設、交通機関や上下水道などの公共サービスに従事する人たちが行ってきた国際協力事業「アジア子どもの家」を引き継ぎ、2004年に設立された教育・福祉支援を行う国際NGOです。

第3章

アクセシブル・ブックス・サポートセンター（ABSC）

https://absc.jp/

〒101-0051　東京都千代田区神田神保町1-32 出版クラブビル6F 日本出版インフラセンター内

「読書困難者の読書環境整備」と「出版者（出版社）のアクセシビリティへの取り組み支援」を目的に、一般社団法人日本出版インフラセンター（JPO）に設立された団体です。『ABSCレポート』の制作と配布、TTSの促進に向けた活動などを行っています。

第4章

株式会社ボイジャー

https://www.voyager.co.jp/

〒150-0001　東京都渋谷区神宮前5-41-14

ボイジャーは、誰もが自由に参加できる新しいメディアの創造を目指す、電子の出版社です。制作ツール、読書システム・読書リーダー、販売サイトなどで、経験に基づいたノウハウを共有し、暮らしやすい社会のために、ともに進みたいと考えています。

第5章

新宿区立戸山図書館

https://www.library.shinjuku.tokyo.jp/facility/toyama.html

〒162-0052　東京都新宿区戸山2-11-101-戸山生涯学習館2階

新宿区立図書館の視覚障害者等サービスの拠点館として、録音図書の作成や貸出、対面朗読サービスをはじめ、点字本や大活字本の収集などを行っています。

・録音図書の貸出・対面朗読サービス

：https://www.library.shinjuku.tokyo.jp/guide/sikaku-support.html

・家庭配本サービス

：https://www.library.shinjuku.tokyo.jp/guide/kateihaihon.html
・声の図書館研究会への参加方法：新宿区立図書館で実施する音訳講習会への受講、選考後の参加

【参考】主な音訳、点訳ボランティア募集サイト
・全国音訳ボランティアネットワーク：https://www.onyaku.net
・社会福祉法人日本ライトハウス：https://www.lighthouse.or.jp

須賀川市民交流センター　tette（テッテ）

https://s-tette.jp/library/
〒962-0845　福島県須賀川市中町4-1
市民の生涯学習の推進及び様々な市民活動の支援を図るとともに、世代や分野を超えた市民交流を促進し、もって東日本大震災により甚大な被害を受けた市街地中心部ににぎわいと活気を取り戻し、震災からの創造的復興の実現を図るために設置されました。

調布市立図書館

https://www.lib.city.chofu.tokyo.jp
〒182-0026　東京都調布市小島町2-33-1
1995年10月、現在の中央図書館が開館しました。市の中心に位置する文化会館たづく

りの4、5、6階部分が図書館です。4階は一般室と子ども室、5階は一般室、参考図書室、映画資料室、6階は視聴覚資料室と利用支援サービスコーナーとなっています。

三条市立図書館

https://www.city.sanjo.niigata.jp/section/library/

〒955-0072　新潟県三条市元町11-6

2022年7月にオープンした〝学ぶ、見る、触れる〟がコンセプトの「図書館」、「鍛冶ミュージアム」、「科学教育センター」の3つの主な機能と、「ステージえんがわ」、「屋外広場」などが一体になった複合施設です。世界的建築家の隈研吾氏による設計で、ものづくりのまち三条市をイメージした世界観が表現されています。

オーテピア（オーテピア高知図書館／オーテピア高知声と点字の図書館／高知みらい科学館）

https://otepia.kochi.jp/

〒780-0842　高知県高知市追手筋2-1-1

オーテピア高知図書館は、高知県立図書館と高知市民図書館（本館）の2つが合築してできた図書館です。オーテピア高知声と点字の図書館は、障害、高齢、病気などさまざまな理由で活字図書での読書が困難な人の図書館です。閲覧室には、いろいろなバリアフリー図書や読書を支援する情報機器、また、視覚に障害のある人の生活を支援する福祉機器・用具なども展示しています。

宮田 和樹（みやた かずき）

愛知県生まれ。慶應義塾大学政策・メディア研究科修士課程修了。研究者（デジタルカルチャー）。青山学院大学総合文化政策学部非常勤講師・デジタルストーリーテリングラボ代表教員・つくまなラボフェロー。メタバースやVRを活用した社会課題の解決に学生たちと取り組む他、デジタルメディアのアクセシビリティの動向にも注目。2023年から渋谷区立図書館音訳ボランティア協力員として講習会や勉強会に参加している。著作に「ザトウクジラが観察できるワールド, Whale Research VR制作プロジェクトの中間報告 」、『青山総合文化政策学』第14巻 第1号など。

馬場 千枝（ばば ちえ）

東京都生まれ。東京都立大学人文学部史学科卒。1991年よりフリーライターとして仕事を始める。長期投資・CSR関連、子育て、健康、歴史、生き方、料理、芸能、インタビューなどの雑誌記事・書籍の執筆及び制作協力多数。全盲で日本ブラインドサッカー協会初代理事の釜本美佐子さんの著書の制作に協力し、高齢になってから視覚を失った人の生活のあり方、読書の困難さを知り、アクセシブルブックの重要性を再認識する中で、本書の取材執筆を行っている。

萬谷 ひとみ（よろずや ひとみ）

新潟県生まれ。玉川大学文学部教育学科卒。1990年特別区職員として板橋区立清水図書館に配属される。その後、行政課等を経て、1999年区間交流で新宿区へ異動。新宿区立中央図書館等に勤務し、途中行政課等を経て2023年3月まで同館副館長として勤務。同年7月に「Reading LiaisonPartner」（リーディング・リエゾン・パートナー：読書とあなたをつなぐお手伝い）を立ち上げ、現在は代読事業等を行っている。

アクセシブルブック はじめのいっぽ

見る本、聞く本、触る本

発行日　2024 年 5 月 31 日　初刷

2024 年 7 月 18 日　第 2 刷

著　者　宮田和樹　馬場千枝　萬谷ひとみ

発行者　鎌田純子

発行元　株式会社ボイジャー

〒150-0001 東京都渋谷区神宮前 5-41-14

電話　03-5467-7070

電子版：ISBN978-4-86689-342-6

印刷版：ISBN978-4-86689-343-3